Nina Müller

Überprüfung der Fish!-Philosophie
auf theoretische Fundierung und als praktikabler
Motivationsansatz

Diplomica® Verlag GmbH

Müller, Nina: Überprüfung der Fish!-Philosophie auf theoretische Fundierung und als praktikabler Motivationsansatz, Hamburg, Diplomica Verlag GmbH 2011
Originaltitel der Abschlussarbeit: Überprüfung der Fish!-Philosophie auf theoretische Fundierung und als praktikabler Motivationsansatz

ISBN: 978-3-86341-066-7
Druck Diplomica® Verlag GmbH, Hamburg, 2011
Zugl. EBZ BUSINESS SCHOOL University of Applied Sciences, Bochum, Deutschland, Diplomarbeit, 2009

Bibliografische Information der Deutschen Nationalbibliothek:
Die Deutsche Nationalbibliothek verzeichnet diese Publikation in der Deutschen Nationalbibliografie;
detaillierte bibliografische Daten sind im Internet über http://dnb.d-nb.de abrufbar.

Die digitale Ausgabe (eBook-Ausgabe) dieses Titels trägt die ISBN 978-3-86341-566-2 und kann über den Handel oder den Verlag bezogen werden.

© Diplomica Verlag GmbH
http://www.diplom.de, Hamburg 2011
Printed in Germany

Inhaltsverzeichnis

Abkürzungsverzeichnis

Abb.	Abbildung
bzw.	beziehungsweise
ca.	circa
engl.	englisch
ff.	fortfolgende
u. a.	unter anderem
vgl.	vergleiche
z.B.	zum Beispiel

Abbildungsverzeichnis

1   Einleitung - Aufbau und Zielsetzung

Der Erfolg eines Unternehmens hängt im Wesentlichen von der Leistung seiner Mitarbeiter ab. Das Leistungsverhalten eines Einzelnen wird durch die jeweilige Motivation bestimmt. Die Unternehmensberatung Gallup erhebt jährlich eine Studie zum Engagement und zur Motivation von Mitarbeitern in deutschen Unternehmen. Laut Gallup Engagement Index 2008, fühlen sich fast 90 Prozent der Beschäftigten kaum an ihr Unternehmen gebunden.[1] Gallup schätzt die Kosten, die einem Unternehmen aufgrund mangelnd motivierter Mitarbeiter entstehen, anhand höherer Fehlzeiten, auf 485.000 Euro je 1000 Mitarbeiter.[2]

Motivation ist daher ein Thema, mit dem sich Unternehmen zwangsweise auseinandersetzen müssen. Aus dem Handlungsbedarf ergibt sich die Frage, wie sich die Motivation der Mitarbeiter beeinflussen lässt und welche Methoden geeignet erscheinen.

In der vorliegenden Arbeit wird die Fish!-Philosophie als möglicher Motivationsansatz für Mitarbeiter untersucht. Zielsetzung dieser Arbeit ist eine Einschätzung des Ansatzes als praktikable Motivationsmethode. Die Überprüfung auf theoretische Grundlagen soll hierfür Hinweise liefern.

Im ersten Teil wird der Pike Place Fischmarkt in Seattle, Washington, anhand der Erfolgsgeschichte des Inhabers, John Yokohama, vorgestellt. Die Arbeitseinstellung der Mitarbeiter auf dem Fischmarkt diente als Vorlage für die Fish!-Philosophie. Das Autorenteam, Steven C. Lundin, Harry Paul und John Christensen, fasste die wesentlichen Erfolgskriterien der Arbeitsfreude auf dem Fischmarkt in vier Leitgedanken zusammen, die mit dem Titel „Fish! – Ein ungewöhnliches Motivationsbuch" bekannt wurden. Diese vier Leitgedanken werden im Einzelnen vorgestellt und erläutert. Wie man die Motivation im Sinne der Fish!-Philosophie langfristig aufrechterhalten kann, wird in einem weiteren Abschnitt vorgestellt.

---

[1] Vgl. Gallup, Pressemitteilung vom 14.01.2009, unveröffentlichtes Material, zur Verfügung gestellt von Gallup

Den Hauptteil der Arbeit bildet eine detaillierte Analyse der Fish!-Philosophie und deren Leitgedanken („Wähle deine Einstellung", „Spiele", „Bereite anderen eine Freude" und „Sei präsent") im Hinblick auf deren theoretische Fundierung. Zur Definition des Begriffes „Motivation" soll dem Leser zunächst ein kurzer Einblick in die motivationspsychologischen Grundlagen gegeben werden. Betrachtet werden die wesentlichen Inhalte einiger ausgewählter Motivationstheorien sowie einer Theorie, die sich mit dem Einfluss von Menschenbildern beschäftigt. In einem zweiten Schritt werden die Theorien darauf überprüft, welche Grundlagen sich in der Fish!-Philosophie wieder finden bzw. wie sich die Modellansätze auf die Philosophie übertragen lassen. Neben den Gemeinsamkeiten werden auch Unterschiede bzw. Widersprüche dargestellt.

Aus den Erkenntnissen der Analyse sowie unter Einbeziehung eines aktuellen Bildes der Mitarbeiter-Motivation in Deutschland soll abschließend ein Ausblick zur Praxistauglichkeit gegeben werden. Die Wiedergabe der praktischen Erfahrungen eines Schulungsleiters für Fish! Motivationstrainings sollen hier zusätzliche Hinweise liefern.

---

[2] Vgl. Gallup, Pressemitteilung vom 14.01.2009

2 Die Fish!-Philosophie als Motivationsansatz

2.1 Der Pike Place Fischmarkt in Seattle

Der Pike Place Fischmarkt befindet sich inmitten des historischen Farmer´s Market in Seattle (Washington). Der Markt ist Namensgeber und Ursprung der Fish!-Philosophie. Der Filmemacher John Christensen und seine Firma ChartHouse haben über den weltberühmten Pike Place Fischmarkt zunächst ein Lehrvideo und anschließend das Buch „Fish! - Ein ungewöhnliches Motivationsbuch" in Zusammenarbeit mit Stephen Lundin und Harry Paul herausgegeben.[3]

Auf dem Fischmarkt herrscht eine außergewöhnliche Arbeitsatmosphäre, die sich auf die Kunden und somit auch auf den Umsatz überträgt. Das Autorenteam hat es geschafft die Gründe für diese Arbeitsmotivation herauszufinden und anschließend die Erkenntnisse in Form einer Geschichte mit dem Titel „Fish!" veröffentlicht. Es folgten weitere Bücher über die Fish!-Philosophie, u. a. erzählt auch der Inhaber des Pike Place Fischmarkts, John Yokohama, seine Geschichte in dem Buch mit dem Titel „Wenn Fische fliegen lernen."

Was also ist das Besondere an der Arbeitsweise auf dem Fischmarkt? Die Arbeitsbedingungen sind, objektiv betrachtet, wenig motivierend. Es handelt sich um schwere körperliche Arbeit, die von kalten Temperaturen und unangenehmen Gerüchen begleitet ist. Doch dem Inhaber John Yokohama gelang es, dass seine Mitarbeiter den Spaß an Ihrer Arbeit neu entdeckten und der Fischmarkt dadurch weltweit Bekanntheit erlangte.

Als John Yokohama den Fischmarkt 1965 kaufte, herrschte dort eine triste Arbeitsatmosphäre. Pike Place Fish war zu dieser Zeit noch ein Fischstand mit einer Größe von 20 Quadratmetern und dieser war von den Voreigentümern soweit heruntergewirtschaftet worden, dass John Yokohama ihn für einen Preis

---

[3] Vgl. Lundin S.C./ Paul, H. / Christensen, J.: Fish! In Fish! Collection!, Sonderausgabe, München, 2008, S. 7

von 3.500 Dollar kaufen konnte.[4] In den folgenden zwanzig Jahren arbeitete er daran, seine Firma durch disziplinierte Arbeit und ein hartes Regime gegenüber seinen Mitarbeitern erfolgreich zu machen.[5] Die Mitarbeiter bekamen klare Anweisungen und es herrschte ein rauer Ton. Wurden Anweisungen nicht befolgt, drohte die Kündigung. Seine Art der Mitarbeiterführung bewirkte eine hohe Personalfluktuation.[6]

Anfang der achtziger Jahre beschloss John Yokohama seine Art mit Menschen umzugehen zu ändern, indem er Seminare zur Persönlichkeitsentwicklung besuchte.[7] Doch durch eine unternehmerische Fehlentscheidung stand der Markt Mitte der achtziger Jahre erneut vor dem Bankrott.[8] Finanziell half die Schwiegermutter des Inhabers in dieser Situation aus. Es musste sich jedoch etwas Grundlegendes ändern, um den Fischmarkt langfristig halten zu können. So standen John Yokohama und seine Mitarbeiter vor der Wahl, etwas Entscheidendes an ihrer Einstellung und Arbeitsweise zu verändern oder Pike Place Fish zu verlieren.[9] Der Inhaber nahm hierzu die Hilfe von Jim Bergquist, einem befreundeten Unternehmensberater, in Anspruch.[10] Er vermittelte ihnen, dass sie, um erfolgreich zu werden, sich ein größeres Ziel setzen müssten.[11] So entstand, geleitet von der Idee eines Mitarbeiters, die Vision „weltberühmt zu werden".[12] Angesichts des zur Verfügung stehenden Budgets, stand John Yokohama dieser Idee zunächst sehr skeptisch gegenüber.[13] Abgesehen von diesem äußerst hoch gegriffenen Ziel, das zu erreichen schon schwierig genug war, wären hierfür gewöhnlich gigantische Investitionen in Marketingmaßnahmen notwendig.

Unter dem Strich war für den Weltruhm aber lediglich der persönliche Einsatz der Mitarbeiter erforderlich. In mehreren Team-Sitzungen wurde die Vision vom

---

[4] Vgl. Yokohama, J./ Michelli, J.: Wenn Fische fliegen lernen, 1. Auflage, New York, 2004, S. 10 u. 79 f.
[5] Vgl. Yokohama, J./ Michelli, J.: Wenn Fische fliegen lernen, S. 80
[6] Vgl. Yokohama, J./ Michelli, J.: Wenn Fische fliegen lernen, S. 16
[7] Vgl. Yokohama, J./ Michelli, J.: Wenn Fische fliegen lernen, S. 81
[8] Vgl. Yokohama, J./ Michelli, J.: Wenn Fische fliegen lernen, S. 9
[9] Vgl. Yokohama, J./ Michelli, J.: Wenn Fische fliegen lernen, S. 10
[10] Vgl. ebenda
[11] Vgl. ebenda
[12] Vgl. ebenda
[13] Vgl. Yokohama, J./ Michelli, J.: Wenn Fische fliegen lernen, S. 10 f.

„Weltruhm" auf den Arbeitsplatz am Fischmarkt übertragen.[14] Weltruhm wurde in der Arbeitsumgebung der Fischhändler wie folgt definiert: „Wir wollten für jede Person, mit der wir in Kontakt treten, 'einen Unterschied machen' – einen weltberühmten Unterschied."[15] Das Erzielen von Gewinn wurde zum Nebenziel erklärt, Hauptziel wurde fortan „einen weltberühmten Unterschied" zu machen.[16]

Der Erfolg ließ nicht lange auf sich warten. Die herzliche und fröhliche Art der Fischhändler und die Attraktion, dass sie den Fisch durch die Luft warfen, zog eine Vielzahl Kunden an und der Markt entwickelte sich zu einer Sehenswürdigkeit für Touristen. Auch die Medien fanden Interesse an dem Markt. Reporter der Goodwill Games filmten den Fischmarkt, drei Mitarbeiter bekamen Rollen in dem Film „Free Willi" und der Stand wurde in einer Live-Schaltung bei „Good Morning America" gezeigt, um nur einige Beispiele für das öffentliche Interesse an dem Fischmarkt zu nennen.[17] John Christensen, einer der Autoren von „Fish!", entdeckte den Fischmarkt durch Zufall. Inspiriert von der Arbeitsatmosphäre produzierte er ein Trainingsvideo für Firmen. Aufgrund der positiven Resonanz folgte ein zweites Trainingsvideo, welches sich mit der nachhaltigen Implementierung der Fish!-Philosophie im Unternehmen beschäftigt sowie das Buch „Fish! Ein ungewöhnliches Motivationsbuch". Auf diese Weise gelangte der Fischmarkt zu einem kostenlosen Marketing.[18]

Das Geheimnis dieses Erfolges liegt, laut John Yokohama, in der „(...) Vision und unsere[r] Bereitschaft, diese Vision ständig in unsere alltägliche Arbeit einfließen zu lassen (...)."[19] „Weltberühmt" zu sein, bedeutet für die Fischhändler, im Kontakt mit den Kunden präsent zu sein und sie als Menschen und weniger als Kunden wahrzunehmen.[20] Sie versuchen, jeden Kunden durch besondere Beachtung glücklich zu machen.[21] Hierzu besteht unter den Fischhändlern ein „Commitment". Es ist eine Verpflichtung untereinander sowie

---

[14] Vgl. Yokohama, J./ Michelli, J.: Wenn Fische fliegen lernen, S. 11
[15] Vgl. ebenda
[16] Vgl. ebenda
[17] Vgl. Yokohama, J./ Michelli, J.: Wenn Fische fliegen lernen, S. 18
[18] Vgl. ebenda
[19] Vgl. Yokohama, J./ Michelli, J.: Wenn Fische fliegen lernen, S. 16
[20] Vgl. Pike Place Fishmarket, Homepage, http://www.pikeplacefish.com/About-Us-3.html, Recherche 08.08.2009, Sinngemäße Übersetzung

eine Selbstverpflichtung. Jeder Mitarbeiter sollte seinen individuellen Weg finden, wie er, auf seine Weise, bei der Arbeit einen Unterschied machen kann.[22] „Angestellte haben nicht das Gefühl, dass eine Vision ihnen 'gehört', wenn sie dazu gezwungen werden, ihr beizupflichten. (…) Bei Pike Place verbringen wir eine ganze Menge Zeit damit, miteinander zu diskutieren, was es bedeutet, einen weltberühmten Unterschied zu machen."[23]

Einen besonderen Wert legt der Inhaber hierbei auf die grundlegende Einstellung seiner Mitarbeiter. Er unterscheidet hier auch zwischen „Tun" und „Sein". Handelt ein Mensch mit einer bestimmten Absicht, etwas mit seinem Handeln zu erreichen, entspricht dies dem „Tun".[24] „Sein" ergibt sich aus einer grundlegenden Haltung, die erst in den jeweiligen Handlungen für andere sichtbar wird.[25] Die Unterscheidung liegt darin, ob jemand zuvorkommend *ist*, weil er anderen Menschen helfen möchte oder ob er nur so *tut*, weil er sich eine bestimmte Konsequenz infolge seines Verhaltens erhofft.

John Yokohama schreibt seiner Vorbildfunktion als Vorgesetzter einen bedeutenden Anteil an der Unternehmenskultur zu.[26] Zunächst änderte *er* seine Einstellung zu den Mitarbeitern. Er lernte sie wertzuschätzen und für ihre Ideen offen zu sein. Seine anfängliche Skepsis gegenüber Vorschlägen aus der Belegschaft wich, als sich zeigte, dass diese zum Erfolg des Fischmarkts beitrugen.[27] Die Idee, Merchandising-Produkte in das Angebot aufzunehmen, kam beispielsweise aus der Belegschaft.[28] „Menschen sind keine Objekte, die man zum Handeln motivieren oder überzeugen kann. Im Grunde genommen sind Menschen kreative Wesen! Sobald man die gewaltige Kreativität seiner Angestellten begriffen hat, muss man nichts weiter tun, als ihnen die Gelegenheit bieten zu wachsen und aus ihrem Tun Energie zu schöpfen."[29] Nun schätzt er seine Mitarbeiter und setzt auf deren Eigenverantwortlichkeit. Die

---

[21] Vgl. ebenda
[22] Vgl. Yokohama, J./ Michelli, J.: Wenn Fische fliegen lernen, S. 26
[23] Yokohama, J./ Michelli, J.: Wenn Fische fliegen lernen, S. 26
[24] Vgl. Yokohama, J./ Michelli, J.: Wenn Fische fliegen lernen, S. 47 ff.
[25] Vgl. Yokohama, J./ Michelli, J.: Wenn Fische fliegen lernen, S. 49
[26] Vgl. ebenda
[27] Vgl. Yokohama, J./ Michelli, J.: Wenn Fische fliegen lernen, S. 32 ff.
[28] Vgl. Yokohama, J./ Michelli, J.: Wenn Fische fliegen lernen, S. 34
[29] Yokohama, J./ Michelli, J.: Wenn Fische fliegen lernen, S. 32

Mitarbeiter lernen, dass ihr persönlicher Erfolg und auch der des Fischmarktes von ihren eigenen Entscheidungen abhängen.[30]

Die Kriterien, die laut John Yokohama für den Erfolg seines Betriebes entscheidend waren, seien hier noch einmal zusammengefasst:

- Ein gemeinsames größeres Ziel (Vision).
- Das Herstellen eines Bezuges zwischen der Vision und den eigenen Aufgaben.
- Die Wünsche des Kunden erkennen (Präsent – Sein).
- Die Selbstverpflichtung zu der Vision (Commitment).
- Eine grundlegende Haltung bewirkt mehr als eine konkrete Handlungsanweisung (Sein).

Die Führungskraft leistet einen erheblichen Beitrag zum Erfolg, indem sie:
- bei sich selbst anfängt,
- jeden Mitarbeiter ernst nimmt,
- regelmäßige Gespräche mit den Mitarbeitern führt,
- zuhört und Offenheit lebt sowie
- Feedback gibt und annimmt.[31]

---

[30] Vgl. Yokohama, J./ Michelli, J.: Wenn Fische fliegen lernen, S. 37
[31] Vgl. Yokohama, J./ Michelli, J.: Wenn Fische fliegen lernen, S. 158 ff.

2.2 Die vier Leitgedanken der Fish!-Philosophie

In den folgenden Abschnitten werden die Leitgedanken gemäß der Darstellung der Buchreihe zu der „Fish!-Philosophie" wiedergegeben.

Die Leitgedanken sind jedoch nicht separat zu sehen. Sie überschneiden sich teilweise inhaltlich und sind voneinander abhängig. „Anderen eine Freude zu bereiten" funktioniert beispielsweise nur, wenn man „präsent" ist, wie im Folgenden dargestellt wird.

2.2.1 Wähle deine Einstellung

Die Einstellung zu der Arbeit ist nach der „Fish!-Philosophie" die Grundvoraussetzung für das Funktionieren der anderen drei Leitgedanken. Die gewählte Einstellung bildet somit die Basis der Philosophie. Es geht um die Erkenntnis, dass jeder Mitarbeiter seine Einstellung frei wählen kann, ohne von ihm zu erwarten, dass er zu jeder Aufgabe eine positive Einstellung hat. Aufgrund individueller Erfahrungen oder vorgeprägter Meinungen ist die Einstellung zu dem, was man tut - oder auch die Lebenseinstellung im Allgemeinen - nicht immer positiv. Das Entscheidende ist, zu erkennen, dass man sich bewusst für seine Einstellung entscheiden kann, sei die Einstellung positiv oder negativ.[32]

Die Arbeiter auf dem Fischmarkt haben sich entschieden, positiv an ihre Arbeit heranzugehen. Sie haben erkannt, dass es an ihrer Einstellung liegt, wie ihr Arbeitstag verläuft.[33] Die gewählte Einstellung überträgt sich sowohl auf die anderen Mitarbeiter als auch auf die Kunden.[34]

Die Arbeitsaufgaben kann man sich in der Regel nicht aussuchen, da man gehalten ist, mindestens die im Arbeitsvertrag festgelegten Pflichten zu erfüllen. Eine Auswahl kann man lediglich im Falle eines Stellenwechsels treffen. Dieser

---

[32] Vgl. Lundin/ Paul/ Christensen:, Noch mehr Fish! in Fish! Collection Sonderausgabe, München, 2008, S. 210
[33] Vgl. Lundin/ Paul/ Christensen: Fish! in Fish! Collection, S. 39
[34] Vgl. ebenda

Schritt fällt den meisten Menschen aufgrund von Verpflichtungen und Angst vor dem Ungewissen eher schwer. Zudem ist man nicht davor geschützt, bei der neuen Stelle ebenfalls auf unliebsame Aufgaben zu treffen. Bezogen auf die Einstellung zur Arbeit hat man jedoch die freie Entscheidung. Der Leitgedanke der Fish!-Philosophie geht daher davon aus, dass jede Arbeit Spaß machen kann, solange man sie mit der richtigen Einstellung angeht. Übertragen auf das Maximalprinzip würde dies bedeuten, dass die Arbeit als gegebenes Mittel betrachtet wird, mit dem man versucht, den größtmöglichen Nutzen für sich und somit für den Kunden zu erzielen.

Im Falle der Fischhändler wird die Einstellung von der Vision getragen, den Fischmarkt weltberühmt zu machen. Die Mitarbeiter wollen sich durch ihre Arbeitsweise von gewöhnlichen Märkten absetzen. Dieses gemeinsame Ziel wirkt motivierend, beeinflusst somit ihre Einstellung zu ihrer Arbeit und verbindet zudem die Mitarbeiter. Untereinander und gegenüber sich selbst besteht eine Verpflichtung, sich diese Vision bei Bedarf wieder bewusst zu machen. „Wähle deine Einstellung" beinhaltet Selbstverantwortlichkeit. Sich als Opfer der äußeren Umstände zu sehen ist destruktiv und zeugt von passivem Verhalten. Jeder Mensch hat in jedem Moment die Möglichkeit, seine Einstellung zu wählen.[35] Nur so kann man Situationen aktiv beeinflussen.

2.2.2 Spiele

„Spielen" meint, mit Spaß an die Arbeit heranzugehen. Im Laufe eines Lebens verliert man zunehmend die Fähigkeit zu spielen. Man lernt bereits in frühen Jahren, Arbeit und Spiel zu trennen.[36] Dabei schließt die spielerische Methodik nicht eine gewissenhafte Bearbeitung aus, sondern begünstigt vielmehr die Kreativität. Gerade in Innovationsbereichen wird eine spielerische Umgebung benötigt, da sie Ideen fördert.[37] Eine routinemäßige Verrichtung der Arbeit verhindert über Verbesserungsmöglichkeiten oder andere Lösungswege

---

[35] Vgl. Yokohama, J./ Michelli, J.: Wenn Fische fliegen lernen, S. 15
[36] Vgl. Lundin/ Paul/ Christensen: Noch mehr Fish! in Fish! Collection S. 19
[37] Vgl. Lundin/ Paul/ Christensen: Noch mehr Fish! in Fish! Collection, S. 19 f.

nachzudenken.[38] Dabei ist mit „Spielen" nicht allein die Handlung, sondern gleichermaßen die Freude gemeint, die man üblicherweise beim Spielen empfindet.[39] Eine spontane und spielerische Herangehensweise bewirkt, dass die Arbeit mit mehr Schwung angegangen wird und kreativere Ergebnisse erzielt werden.[40]

Auf dem Fischmarkt ist die spielerische Herangehensweise der Händler ein entscheidender Teil des Erfolgsgeheimnisses. Die Fischhändler werfen die Fische durch die Luft, scherzen mit den Kunden oder rufen im Chor. Dies regt die Kaufbereitschaft der Kunden an. Außerdem besteht eine geringe Personalfluktuation, was nicht zuletzt auf die Freude an der Arbeit und das Zusammengehörigkeitsgefühl zurück zu führen ist.[41]

Aus Sicht der Mitarbeiter gibt es folgende Vorteile des spielerischen Umgangs mit der Arbeit:
- Übertragung der Freude auf Mitarbeiter und Kunden,
- Erzeugung von Kreativität,
- Kurzweiligkeit der Arbeit,
- Positive Auswirkung auf die Gesundheit und
- die Arbeit selbst erscheint als Lohn, nicht nur als Mittel zum Lohn.[42]

Auch in einem gewöhnlichen Büro gibt es Möglichkeiten für die Umsetzung des Spiels. Als Beispiele sind Kreativitätszonen, farbige Gestaltung der Arbeitsumgebung oder kleine Lampen, die die Mitarbeiter anschalten können, wenn sie eine Idee haben, zu nennen.[43]

---

[38] Vgl. ebenda
[39] Vgl. Lundin/ Paul/ Christensen: Noch mehr Fish! in Fish! Collection, S. 15
[40] Vgl. ebenda
[41] Vgl. Lundin/ Paul/ Christensen: Fish! in Fish! Collection, S. 69
[42] Vgl. Lundin/ Paul/ Christensen: Fish! in Fish! Collection, S. 99
[43] Vgl. Lundin/ Paul/ Christensen: Fish! in Fish! Collection, S. 99 f.

2.2.3 Bereite anderen eine Freude

„Bereite anderen eine Freude" bezieht sich sowohl auf Kundenkontakte als auch auf die Zusammenarbeit mit den Kollegen. Im Kern bedeutet es, die Kollegen und Kunden bei jedem Kontakt auf die Weise einzubeziehen, dass die Begegnung dem Gegenüber positiv in Erinnerung bleibt.

Die Fischhändler verfolgen das Ziel, jede Interaktion mit dem Kunden zu einem unvergesslichen Erlebnis zu machen.[44] Dies gelingt ihnen, indem sie die Kunden in ihre Show mit einbeziehen und somit zu einem Teil der Inszenierung machen.[45] Beispielsweise lassen sie die Kunden einen Fisch fangen oder machen einen Spaß mit ihnen. Diese Vorgehensweise hat einen enormen Marketingeffekt, da die Kunden von ihren positiven Erlebnissen auf dem Markt berichten und somit neue Kunden werben. Auf diese Weise wurde der Pike Place Fischmarkt weltberühmt. Kunden betreten den Markt in der Erwartung eines besonderen Erlebnisses und kaufen nebenbei Fisch.

Neben dem Nutzen für das Geschäft, bereitet es dem Mitarbeiter selbst ein gutes Gefühl anderen geholfen zu haben.[46] Dies bewirkt einen zusätzlichen Motivationsschub. „Wenn man jemandem den Tag (oder auch nur einen Moment) angenehmer macht, indem man freundlich auf ihn zugeht und sich auf ihn einlässt, werden selbst die routineträchtigsten Begegnungen zu erinnerungswürdigen."[47]

„Anderen Freude bereiten" ist nicht nur auf einem Fischmarkt möglich. In allen Arbeitsbereichen gibt es Wege, Kollegen oder Kunden im Arbeitsalltag aktiv einzubeziehen. Das Ziel sollte sein, jeden Kundenkontakt für den jeweiligen Kunden zu einer positiven Erfahrung werden zu lassen.[48] Angefangen bei der Einstellung auf die Bedürfnisse des Kunden bis hin zu dem Bestreben, ihn positiv zu überraschen.

---

[44] Vgl. Lundin/ Paul/ Christensen: Noch mehr Fish! in Fish! Collection, S. 61
[45] Vgl. ebenda
[46] Vgl. Lundin/ Paul/ Christensen: Fish! in Fish! Collection, S. 106
[47] Lundin/ Paul/ Christensen: Noch mehr Fish! in Fish! Collection, S. 14
[48] Vgl. Lundin/ Paul/ Christensen: Fish! in Fish! Collection, S. 107

2.2.4 Sei präsent

Im Arbeitsalltag wird man oft davon verleitet, sich auf mehre Dinge gleichzeitig zu konzentrieren. E-Mails werden während eines Telefonats gelesen oder beantwortet oder persönliche Gespräche werden aufgrund eines Anrufs unterbrochen. Auch im Privatleben ist man oft nicht bei der Sache. Man ist mit den Gedanken noch bei der Arbeit oder während eines Gespräches läuft der Fernseher. Die Gefahr hierbei besteht darin, dass sich das Gegenüber in diesen Momenten nicht ernst genommen und entsprechend wertgeschätzt fühlt. Zudem besteht bei den Arbeiten, die halbherzig erledigt werden, immer ein Fehlerrisiko.

Indem man präsent ist, schenkt man dem, was man gerade tut oder der Person mit der man spricht, seine volle Aufmerksamkeit. Andere Dinge werden ausgeblendet. Man zeigt seinem Gegenüber, dass man ausschließlich für sie oder ihn da ist.

Merkmale des Präsent-Seins sind:
- andere Dinge unterbrechen,
- sich zuwenden,
- aufmerksam zuhören und
- sich nicht ablenken lassen.

Die Fischhändler haben die Möglichkeiten des Präsent-Seins erkannt. Sie behalten die Kunden im Auge und beschäftigen sich mit ihnen. Um dem Kunden zu helfen, müssen sie einen Kontakt zum Kunden herstellen, indem sie zuhören und wirklich helfen wollen.[49] Der Inhaber des Fischmarkts beschreibt, diese Anforderung an seine Mitarbeiter wie folgt: „Unsere Mitarbeiter lernen, wie man es schafft, den Leuten schon „zuzuhören" bevor sie überhaupt an den Stand kommen."[50] Präsent-Sein beinhaltet neben der ungeteilten Aufmerksamkeit folglich auch Einfühlungsvermögen (Empathie), denn nur

---

[49] Yokohama, J./ Michelli, J.: Wenn Fische fliegen lernen, S. 112
[50] Yokohama, J./ Michelli, J.: Wenn Fische fliegen lernen, S. 115

dadurch können sie die Bedürfnisse der Kunden erkennen, sich besser konzentrieren und kreativer sein.[51]

Auch in Bezug auf Beschwerden lernen die Mitarbeiter des Fischmarkts präsent zu sein. Ärgerliche Kunden sind oft aufgebracht und unsachlich. Hier gilt es, sich zurückzunehmen und dem Kunden zunächst in Ruhe zuzuhören. Dies reicht oft schon aus, um den Kunden zu beruhigen.[52]

Sobald man sich nur auf eine Aufgabe konzentriert, kann man diese viel effektiver bearbeiten. Zudem verhindert es unnötigen Stress, der sich im Extremfall auch auf die Gesundheit auswirken kann.[53]

---

[51] Vgl. Lundin/ Paul/ Christensen: Noch mehr Fish! in Fish! Collection, S. 106
[52] Vgl. Yokohama, J./ Michelli, J.: Wenn Fische fliegen lernen, S. 116
[53] Lundin/ Paul/ Christensen: Noch mehr Fish! in Fish! Collection, S. 15

2.3 Für immer Fish! - Eine nachhaltige Vision

Die in der Buchreihe zu der Fish! Philosophie angesprochene Vision entspricht weitestgehend einem Unternehmensleitbild, also einem höheren Ziel bzw. einem Selbstverständnis, zu dem sich ein Unternehmen und seine Mitarbeiter verpflichten.

Bei der Einführung eines solchen Leitbildes erfolgt eine Reihe von Anstößen (Präsentationen, Workshops, Gespräche etc.), die im Falle des Erfolgs bei den Mitarbeitern auf Zustimmung stoßen. Anstöße sind notwendig, um auf Veränderungen aufmerksam zu machen.[54] Äußere Einflüsse können jedoch nur kurzfristig wirken.[55] Eine langfristige Erhaltung einer Vision braucht die innere Überzeugung der Mitarbeiter.[56]

Der Titel „Für immer Fish!" beschäftigt sich mit dem Problem, eine Vision dauerhaft am Leben zu erhalten. Auf dem Fischmarkt ist es die Vision „Weltberühmt zu sein", die die Mitarbeiter in ihrem Handeln leitet. Der Inhaber, John Yokohama, lieferte in seiner Geschichte bereits Anhaltspunkte, wie es möglich ist, eine Vision dauerhaft zu erhalten. Diese finden sich in den folgenden Grundprinzipien wieder:

1. Erkennen:

    Das beste Mittel, die Vision zu erkennen, sind Gespräche zwischen Vorgesetzten und Mitarbeitern und Gespräche der Mitarbeiter untereinander. Diese Gespräche sollten sich mit Fragen zum Verständnis der Vision und der persönlichen Rolle innerhalb dieser beschäftigen.[57] Jeder Mitarbeiter sollte erkennen, was ihm wichtig ist und wie er sich dafür engagieren kann.[58] Anhand der persönlichen Formulierung der Vision erkennt der Mitarbeiter persönliche Ziele und es entsteht eine Messbarkeit des persönlichen Erfolgs.[59]

---

[54] Vgl. Lundin/ Paul/ Christensen: Für immer Fish! in Fish! Collection, Sonderausgabe, München, 2008, S. 6

[55] Lundin/ Paul/ Christensen: Für immer Fish! in Fish! Collection, S. 11

[56] Vgl. Lundin/ Paul/ Christensen: Für immer Fish! in Fish! Collection, S. 31

[57] Vgl. Lundin/ Paul/ Christensen: Für immer Fish! in Fish! Collection, S. 51

[58] Vgl. Lundin/ Paul/ Christensen: Für immer Fish! in Fish! Collection, S. 79

[59] Lundin/ Paul/ Christensen: Für immer Fish! in Fish! Collection, S. 50 f.

2. Leben:

Die Vision zu leben beinhaltet Möglichkeiten zu erkennen, bei denen man die Vision spontan in Situationen einbringen kann.[60] Hier ist von so genannten „Visionsmomenten" die Rede, bei denen es sich um Momente handelt, in denen die Vision in die Tat umgesetzt wird.[61] Wenn man die Vision lebt, stellen sich diese Momente auf ganz natürliche Weise ein.[62] Um die „Vision zu leben", muss sich jeder Einzelne bewusst dazu entscheiden.

3. Fördern

Förderung bezieht sich auf ein gegenseitig korrigierendes Verhalten bezogen auf die Vision. Ein regelmäßiges Feedback ist wichtig, um die Wirkung des eigenen Handelns zu beurteilen.[63] Hierzu ist eine Feedback-Kultur notwendig, die von allen akzeptiert und gewünscht ist.[64] Konstruktives Feedback geben und empfangen zu können ist wichtig, um offen für Veränderungen zu sein und auch um Hilfe bitten zu können, wenn man sich in einer Sache unsicher ist. Eine offene Feedback-Kultur begünstigt die gegenseitige Förderung und bewirkt daher eine ständige Optimierung des Handelns aller Beteiligten.

Diese Grundprinzipien sollen verhindern den alten Gewohnheiten und Denkmustern wieder zu verfallen.

---

[60] Vgl. Lundin/ Paul/ Christensen: Für immer Fish! in Fish! Collection, S. 83
[61] Vgl. Lundin/ Paul/ Christensen: Für immer Fish! in Fish! Collection, S. 102
[62] Vgl. Lundin/ Paul/ Christensen: Fish! Collection, Für immer Fish! S. 51
[63] Vgl. Lundin/ Paul/ Christensen: Für immer Fish! in Fish! Collection, S. 103
[64] Vgl. ebenda

3 Überprüfung der Fish!-Philosophie auf theoretische Grundlagen

3.1 Der Begriff Motivation

Motivation ist Teil verschiedenster Wissenschaftsgebiete. So befasst sich die Psychologie, die Ethologie (Verhaltensforschung) oder auch die Philosophie mit dem Thema Motivation. Innerhalb der Psychologie beschreibt Heinz Heckhausen, Autor eines der Standardwerke der Motivationspsychologie, die Informationsdichte wie folgt: „Kaum ein Gebiet der psychologischen Forschung ist von so vielen Seiten zugänglich wie die Motivationspsychologie und doch zugleich so schwer zu überschauen."[65] Dementsprechend existieren zu dem Begriff Motivation eine Vielzahl von Definitionen und verschiedenste Modelle. Beispielhaft seien im Folgenden einige der Definitionen aufgeführt.

„Der Begriff Motivation bezieht sich auf Prozesse und Phänomene, die mit dem Setzen von Zielen aufgrund deren Wünschbarkeit und Realisierbarkeit zu tun haben."[66]

„Motivation kann (...) definiert werden als die Gesamtheit der Prozesse, die zielgerichtetes Verhalten auslösen und aufrechterhalten (Mook, 1987)"[67]

Rheinberg beschreibt Motivation als „(...) aktivierende Ausrichtung des momentanen Lebensvollzugs auf einen positiv bewerteten Zielzustand".[68] „An dieser Ausrichtung sind unterschiedlichste Prozesse im Verhalten und Erleben beteiligt (...)."[69]

---

[65] Heckhausen, H.: Motivation und Handeln – Lehrbuch zur Motivationspsychologie, 1. Auflage, Berlin u.a., 1980, S. V
[66] Heckhausen, J./ Heckhausen, H.: Motivation und Handeln, 3. Auflage, Heidelberg, 2006, S. 281
[67] Rudolf, U.: Motivationspsychologie – Workbook, 2. Auflage, Basel, 2007, S. 1
[68] Rheinberg, F.: Motivation (Band 6 d. Reihe „Grundriß der Psychologie"), 2. Auflage, Stuttgart, 1997, S.13
[69] Rheinberg, F.: Motivation, S.14

Die drei Definitionen verwenden in jeweils abgewandelter Form die Begriffe „Prozess" und „Ziel". Sie treffen im Kern die gleiche Aussage. Motivation bezieht sich auf die Gründe für zielgerichtetes Verhalten.[70] Für die Realisierung dieser Ziele bedarf es, neben der Motivation, auch eines Willens (wissenschaftlich „Volition"), der für die eigentliche Handlung erforderlich ist.[71] Während bei der Motivation Ziele gesetzt werden, ist die Volition für das Erreichen dieser Ziele zuständig.[72] Die folgende Abbildung 1 verdeutlicht die Rolle der Motivation und der Volition in den einzelnen Phasen einer Handlung.

Abbildung 1: Integration des Modells der Handlungsphasen in das Überblickmodell

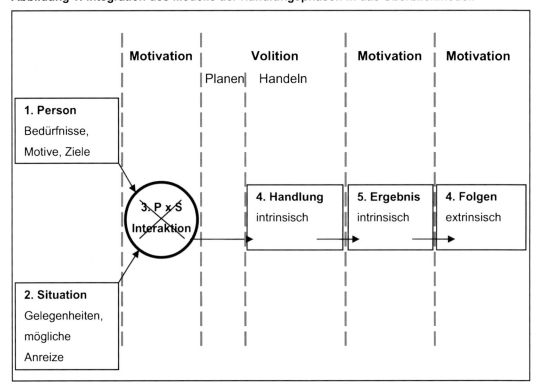

Quelle: Vgl. Heckhausen, J./ Heckhausen, H.: Motivation und Handeln, S. 5 und 7, eigene Darstellung

Die Abbildung 1 zeigt außerdem weitere Aspekte, die die Motivation beeinflussen. Zur Motivation gehören personenbezogene Einflüsse und situationsbezogene Einflüsse.[73]

---

[70] Vgl. Sprenger, R. K.: Mythos Motivation – Wege aus einer Sackgasse, Limitierte Sonderausgabe, Frankfurt/ Main, 2005, S. 21
[71] Vgl. Heckhausen, J./ Heckhausen, H.: Motivation und Handeln, S. 281
[72] Vgl. ebenda
[73] Vgl. Heckhausen, J./ Heckhausen, H.: Motivation und Handeln, S. 3

Bei den personenbezogenen Einflüssen handelt es sich u.a. um Bedürfnisse. Hiermit sind vor allem physiologische Bedürfnisse wie Hunger und Durst, aber auch ein angeborener Drang nach Entwicklung (Wirksamkeitsstreben), gemeint.[74] Motivationsbeeinflussende Merkmale in der Person sind außerdem Motive und Ziele. Motive und Ziele sind eng miteinander verknüpft. Während Motive (oder implizierte Motive) eher Persönlichkeitseigenschaften entspringen (z.B. Leistungs-, Anschluss- und Machtmotiv), sind Ziele (auch explizite Motive genannt) bewusst gewählte Selbstbilder und Werte, die eine Person für sich definiert.[75]

Die jeweilige Motivation wird ebenso von der Situation bestimmt. Um eine Handlung zu vollbringen, muss einem zunachst die Gelegenheit geboten werden.[76] Harte Bedingungen in der äußeren Situation können die angestrebte Handlung verhindern.[77] Ein Beispiel wäre, wenn jemand aufgrund einer Erkrankung an der Wahrnehmung eines Termins gehindert wird. Des Weiteren beeinflussen Anreize die Motivation. „Alles was Situationen an Positivem oder Negativem einem Individuum verheißen oder andeuten, wird als 'Anreiz' bezeichnet, der einen 'Aufforderungscharakter' zu einem entsprechenden Handeln hat."[78] Wenn der Anreiz in der Handlung selbst bzw. in Erwartung des Ergebnisses liegt, spricht man von intrinsischen Anreizen.[79] Liegt der Anreiz in den Folgen der Handlung, wird die Person von extrinsischen Anreizen beeinflusst.[80]

Liegt die Befriedigung im Gehen des Weges oder im Erreichen des Ziels?[81] In Bezug auf die Arbeitswelt läge die Befriedigung im Gehen des Weges, wenn der Mitarbeiter aus Freude an der Tätigkeit und deren Ergebnissen motiviert handelt.[82] Der Wunsch nach Kontakt, Leistung, Macht oder Selbstverwirklichung können Motive hierfür sein, die durch Anreize wie

---

[74] Vgl. ebenda
[75] Vgl. Heckhausen, J./ Heckhausen, H.: Motivation und Handeln, S. 4
[76] Vgl. Heckhausen, J./ Heckhausen, H.: Motivation und Handeln, S. 5
[77] Vgl. Comelli, G./ v. Rosenstiel, L.: Führung durch Motivation – Mitarbeiter für Unternehmensziele gewinnen, 4. Auflage, München, 2009, S. 3
[78] Heckhausen, J./ Heckhausen, H.: Motivation und Handeln, S. 5
[79] Vgl. Heckhausen, J./ Heckhausen, H.: Motivation und Handeln, S. 5
[80] Vgl. ebenda
[81] Vgl. Comelli, G./ v. Rosenstiel, L.: Führung durch Motivation, S.10
[82] Vgl. Comelli, G./ v. Rosenstiel, L.: Führung durch Motivation, S.11

Anerkennung, selbständige und anspruchsvolle Tätigkeiten oder Aufstiegsaussichten geweckt werden können.[83] Liegt die Befriedigung im Erreichen des Ziels, sind es meist außerhalb der Tätigkeit liegende Anreize, die den Mitarbeiter motivieren.[84] Hier werden extrinsische Motive wie Geld, Sicherheit oder Geltung, durch Anreize wie Lohn, Prämien oder Statussymbole angesprochen.[85] Häufig werden für diese Thematik auch die Begriffe intrinsische und extrinsische Motivation verwendet.

Bei Betrachtung der Fish! Philosophie bzw. der Geschichte des Pike Place Fischmarktes stellt sich die Frage, ob eine derartige Motivation der Mitarbeiter überhaupt möglich ist. Und schenkt man der Fish! Philosophie Glauben, stellt sich die nächste Frage: Wie ist es möglich seine Mitarbeiter derart zu motivieren?

Die Motivation ist bei jedem Mitarbeiter unterschiedlich ausgeprägt.[86] Die Motivation wird, wie eingangs beschrieben, durch die persönlichen Einflüsse sowie durch die situationsbedingten Einflüsse bestimmt. Die Motive eines Menschen sind teilweise angeboren, andere Motive werden im Laufe der Entwicklung erlernt.[87] Sie können auch als Persönlichkeitseigenschaften bezeichnet werden, da sie über die Zeit und Situationen hinweg stabil bleiben.[88] Die Motive sind also schwer beeinflussbar. „Durch Situationsgestaltung, konkret durch die Entwicklung von Anreizen, können (..) bestehende Motive intensiver und früher aktiviert werden."[89] Somit ist es grundsätzlich möglich, auf die Motivation Einfluss zu nehmen. Jedoch reagiert nicht jeder Mitarbeiter gleich auf einen bestimmten Anreiz. „Auch betriebliche Anreize müssen mit jenen Motiven, Wünschen, Zielvorstellungen korrespondieren, welche die jeweiligen Mitarbeiter haben."[90] Hier gilt es, die Motive der Mitarbeiter zu erkennen. Dies

---

[83] Vgl. Comelli, G./ v. Rosenstiel, L.: Führung durch Motivation, S.12
[84] Wunderer, R.: Führung und Zusammenarbeit – Eine unternehmerische Führungslehre, 5. Auflage, München und Neuwied, 2003, S.608
[85] Vgl. Comelli, G./ v. Rosenstiel, L.: Führung durch Motivation, S.12
[86] Vgl. Albs, N.: Wie man Mitarbeiter motiviert - Motivation und Motivationsförderung im Führungsalltag, 1. Auflage, Berlin, 2005, S. 12
[87] Vgl. Comelli, G./ v. Rosenstiel, L.: Führung durch Motivation, S. 20 f.
[88] Vgl. Heckhausen, J./ Heckhausen, H.: Motivation und Handeln, S. 270
[89] Comelli, G./ v. Rosenstiel, L.: Führung durch Motivation, S.9
[90] Comelli, G./ v. Rosenstiel, L.: Führung durch Motivation, S.10

gestaltet sich schwierig vor dem Hintergrund, dass Motive größtenteils unbewusst vorhanden sind.[91]

Wie und ob man es mit Hilfe der Grundsätze der Fish! Philosophie schaffen kann, sich selbst oder andere zu motivieren, soll anhand der folgenden theoretischen Modelle untersucht werden.

---

[91] Vgl. Comelli, G./ v. Rosenstiel, L.: Führung durch Motivation, S.19 f.

3.2 Analyse der Motivationstheorien

In Teil 3.1 wurde versucht eine allgemeingültige Definition von „Motivation" zu formulieren. Es gibt jedoch verschiedenste Motivationstheorien, die sich mit dem Konzept der Motivation auseinander setzen. Auch die implizite Persönlichkeitstheorie von McGregor liefert indirekte Hinweise zur Motivation.

Im Folgenden sollen einige ausgewählte Ansätze dargestellt werden. In einem zweiten Schritt sollen jeweils die Zusammenhänge zu den Ansätzen der Fish! Philosophie herausgestellt werden. Die Auswahl der einzelnen Ansätze erfolgte anhand der Übertragbarkeit auf die Fish! Philosophie.

3.2.1 Das Zwei-Faktoren Modell von Herzberg

Herzbergs Modell der „Zwei-Faktoren" trifft, auf den ersten Blick, eine dem allgemeinen Wortverständnis widersprechende Aussage:

Zufriedenheit und Unzufriedenheit schließen sich nicht gegenseitig aus, da sie sich in unterschiedlichen Dimensionen menschlichen Erlebens befinden.[92]

Wenn jemand also unzufrieden ist, könnte er im gleichen Moment zufrieden sein. Die Unzufriedenheit wird vermieden durch so genannte Hygiene-Faktoren. Zufriedenheit hingegen kann nur durch Motivatoren hergestellt werden (siehe Abb. 2).

Abbildung 2: Zwei-Faktoren Modell der Arbeitszufriedenheit

Unzufriedenheit	wird hervorgerufen durch ⟹ **Hygiene-Faktoren**	Nicht-Unzufriedenheit
Nicht-Zufriedenheit	wird hervorgerufen durch ⟹ **Motivatoren**	Zufriedenheit

Quelle: Vgl. Kriegesmann, B.: Skript zur Vorlesung, Personalmanagement , 27.02.2009

Der Begriff Hygiene-Faktoren wurde in Anlehnung an den medizinischen Begriff (das Fernhalten von gesundheitsschädigenden Einflüssen aus der Umwelt) gewählt.[93] Gemeint ist hier allerdings das Fernhalten von Unzufriedenheit.[94] Hygiene-Faktoren entsprechen extrinsischen Anreizen, also jenen, die außerhalb der zu verrichtenden Arbeit liegen.[95] In Herzbergs Analyse stellten sich am deutlichsten folgende Faktoren für Unzufriedenheit (Hygiene-Faktoren) heraus:

---

[92] Vgl. Comelli, G./ v. Rosenstiel, L.: Führung durch Motivation, S.42
[93] Vgl. von Rosenstiel, L.: Grundlagen der Organisationspsychologie, 6. Auflage, Stuttgart 2007, S 89
[94] Vgl. v. Rosenstiel, L.: Grundlagen der Organisationspsychologie, S 89

- Unternehmenspolitik /Verwaltung,
- Überwachung /Kontrolle,
- Beziehungen zu Vorgesetzten,
- Arbeitsbedingungen und
- Lohn /Einkommen.[96]

Unzufriedenheit liegt beispielsweise vor, wenn ein Mitarbeiter meint, ihm stünde ein höheres Gehalt zu. Eine Gehaltserhöhung würde die Unzufriedenheit beseitigen. Der Hygiene-Faktor wäre in diesem Beispiel das Gehalt. Dieser Anreiz wirkt jedoch nur kurzfristig; einmal erhalten, stellt sich schnell ein Gewöhnungseffekt ein.[97] Übertrifft der Arbeitgeber die Erwartungen, könnte das Anspruchsniveau des Mitarbeiters außerdem nach oben verschoben werden und ein späteres Unterschreiten würde zu weiterer Unzufriedenheit führen.[98] Hygiene-Faktoren haben somit nur „wenig systematischen Einfluss auf die Motivation zur Leistung."[99] Sie sind jedoch von Bedeutung, um Unzufriedenheit zu vermeiden. Dieser Sachverhalt wird auch als Defizitmotivation beschrieben, da lediglich ein Ausgleich eines subjektiv empfundenen Mangels erfolgt.[100] Wenn die Hygiene-Faktoren nicht den Erwartungen entsprechen, sinkt die Leistungsbereitschaft unter das Normalniveau.[101]

Motivatoren sind in der Lage, das Leistungsniveau über das Normalmaß zu steigern.[102] Hier handelt es sich um intrinsische Anreize, wie z.B.:

- Leistung,
- Anerkennung,
- Arbeit selbst,
- Verantwortung,
- Persönliche Entwicklung oder
- Fortschritt/ Wachstum[103]

---

[95] Vgl. v. Rosenstiel, L.: Grundlagen der Organisationspsychologie, S 89, Abb. 4.4
[96] Vgl. Comelli, G./ v. Rosenstiel, L.: Führung durch Motivation, S.143
[97] Vgl. Albs, N.: Wie man Mitarbeiter motiviert, S. 50
[98] Vgl. Comelli, G./ v. Rosenstiel, L.: Führung durch Motivation, S.144
[99] v. Rosenstiel, L.: Grundlagen der Organisationspsychologie, S 89
[100] Vgl. v. Rosenstiel, L.: Grundlagen der Organisationspsychologie, S 89
[101] Vgl. Albs, N.: Wie man Mitarbeiter motiviert, S. 46
[102] Vgl. ebenda
[103] Vgl. v. Rosenstiel, L.: Grundlagen der Organisationspsychologie, S 89, Abb. 4.4

Wird die Arbeit eines Mitarbeiters entsprechend seiner subjektiven Erwartung anerkannt, macht ihm die Arbeit Spaß und hat er Leistungserlebnisse; dies führt zu Zufriedenheit. Bleiben diese Erlebnisse aus, senkt dies die Zufriedenheit; führt aber nicht zu Unzufriedenheit.[104] Motivatoren bewirken einen Anreiz zur Leistung, da sie aus dem Arbeitsinhalt rühren. Hier spricht man auch von Expansionsmotivation. Die Form der Motivation spricht das Wachstumsmotiv des Menschen an, da er an den Aufgaben wachsen kann.[105] Während bei der Defizitmotivation durch entsprechende Gestaltung der Hygiene-Faktoren lediglich eine Leistungsminderung behoben werden kann, ist durch den Einsatz von Motivatoren eine Leistungssteigerung möglich. Abbildung 2 lässt sich anhand der Ausführungen nun wie folgt erweitern:

Abbildung 3: Wirkung von Hygiene-Faktoren und Motivatoren auf die Motivation

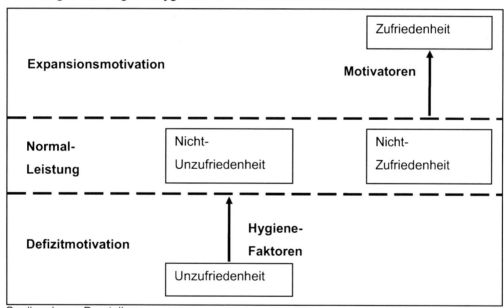

Quelle: eigene Darstellung

Die Hygiene-Faktoren sind jedoch nicht zu vernachlässigen. Für die Praxis stellt sich somit die Herausforderung Hygiene-Faktoren und Motivatoren gleichermaßen zu befriedigen.[106]

---

[104] v. Rosenstiel, L.: Grundlagen der Organisationspsychologie, S 93 f.
[105] v. Rosenstiel, L.: Grundlagen der Organisationspsychologie, S 89
[106] Comelli, G./ v. Rosenstiel, L.: Führung durch Motivation, S.42

3.2.2 Vergleich des Zwei-Faktoren Modells mit der Fish!-Philosophie

Herzbergs Zwei-Faktoren Modell betont die Bedeutung der Arbeit selbst.[107] Auch die Fish!-Philosophie stellt den Spaß an der Arbeit als zentralen Einfluss auf die Motivation dar. Beide Ansätze beziehen sich somit auf die intrinsische Motivation, also der Selbstverwirklichung innerhalb der Arbeit, als Anreiz motivierten Handelns.

Bei der Fish! Philosophie geht es darum, seine Tätigkeit als wertvoll zu erachten, sei es die Arbeit in einem Operationssaal oder auf einem Fischmarkt (siehe 2.2.1 „Wähle deine Einstellung"). Es gilt die Einstellung der Mitarbeiter zu ihrer Arbeit positiv zu beeinflussen. Die Umsetzung der einzelnen Leitgedanken („Wähle deine Einstellung", „Spiele", „Bereite anderen eine Freude" und „Sei Präsent") erzeugt positive Erlebnisse bei der Arbeit und bestärkt somit die intrinsischen Anreize. Man kann sagen, die Fish!-Philosophie macht sich die Motivatoren des Herzberg´schen Modells zu Nutzen. Bezogen auf ausgewählte Motivatoren könnte man die Fish!-Philosophie folgendermaßen übertragen:

- Leistung: Motivation aus der Leistung wird erzeugt, wenn subjektiv anspruchsvolle Ziele gesetzt und erreicht werden.[108] Bei dem Ansatz der Fish!-Philosophie, definieren die Mitarbeiter ihre Rolle innerhalb der Vision und setzen sich dementsprechende Ziele. Eine erfolgreiche Umsetzung der Vision im Arbeitsalltag bewirkt Erfolgserleben (siehe 2.3. „Eine nachhaltige Vision"). Auf dem Fischmarkt gibt es eine übergeordnete Vision, aus der das Ziel „für jeden Kunden einen Unterschied zu machen" abgeleitet wird. Die Messbarkeit der Zielerreichung erfolgt über die sofortige Reaktion des Kunden.
- Anerkennung: Die Anerkennung der eigenen Leistung kann in der Fish!-Philosophie innerhalb des regelmäßigen Feedbacks gesehen werden (siehe 2.3. „Eine nachhaltige Vision"). Anerkennung kann ebenso über die Reaktionen von Kunden erfolgen.

---

[107] Vgl. v. Rosenstiel, L.: Grundlagen der Organisationspsychologie, S 88
[108] Vgl. v. Rosenstiel, L.: Grundlagen der Organisationspsychologie, S 94

- Arbeit selbst: Der gesamte Ansatz der Fish!-Philosophie beruht auf der Motivation aus der Arbeit heraus. Durch das bewusste Wählen seiner Einstellung, die spielerische Herangehensweise, seine Präsenz und die Bereitschaft, anderen eine Freude zu bereiten, gewinnt man positive Erfahrungen, die das gewählte Handeln bestätigen (siehe 2.2.1 – 2.2.4).

- Verantwortung: Bei der Fish!-Philosophie vertraut der Vorgesetzte auf die Eigenverantwortlichkeit der Mitarbeiter. Er lässt Ihnen die Freiräume, die sie zur Erfüllung ihrer Aufgabe benötigen.

Es sei anzumerken, dass die Folgerungen aus den oben genannten Motivatoren nach Herzberg in der Praxis als Führungsaufgaben angesehen werden.[109] Die Fish!-Philosophie versteht es hingegen als Aufgabe eines jeden Einzelnen, eine positive Einstellung zu seinen Aufgaben zu gewinnen. Der Ansatz geht von einer Selbstmotivation der Mitarbeiter aus. Es wird jedoch herausgestellt, dass die Führungskraft durch ihre eigene Einstellung und ihre Vorbildfunktion einen ebenso wichtigen Beitrag zur Motivation leistet, da sie die Einstellung vorlebt und hauptverantwortlich für die Erhaltung der Vision ist. In den Beispielen der Fish!-Philosophie war es zunächst der Vorgesetzte, der seine Einstellung änderte und diese auf seine Mitarbeiter übertragen konnte.

Auf die Hygiene-Faktoren wird bei der Fish! Philosophie wenig Bezug genommen. Lediglich die Beziehung zwischen Vorgesetzten und Mitarbeiter wird erwähnt. Der Vorgesetzte hat bei der Fish!-Philosophie eher die Aufgabe, die intrinsische Motivation seiner Mitarbeiter zu fördern und zu unterstützen. Die extrinsische Motivation spielt innerhalb dieses Ansatzes daher eine zu vernachlässigende Rolle. Eine mögliche Erklärung im Sinne der Fish!-Philosophie könnte sein, dass hier keine Unzufriedenheit entstehen kann, da sich die Mitarbeiter nicht als Opfer äußerer Umstände betrachten. Denn Unzufriedenheit entsteht durch Ansprüche aus sozialen Vergleichen.[110] Auch Herzberg stellt ausschließlich die intrinsischen Anreize als motivationswirksam dar; extrinsische Anreize dienen lediglich dem Ausgleich subjektiv empfundener Nachteile.

---

[109] Vgl. Comelli, G./ v. Rosenstiel, L.: Führung durch Motivation, S.42
[110] Vgl. Comelli, G./ v. Rosenstiel, L.: Führung durch Motivation, S.145

Die Motivationstheorien weisen also im Bezug auf die Relevanz intrinsischer Motivation Übereinstimmungen auf, so dass man das Zwei-Faktoren Modell von Herzberg in dieser Hinsicht als mögliche theoretische Grundlage der Fish!-Philosophie sehen kann.

3.2.3 Vergleiche von weiteren Motivationstheorien mit der Fish!-Philosophie

Die **Bedürfnistheorie von Maslow** gliedert die verschiedenen Bedürfnisse bzw. Motive eines Menschen in verschiedene Gruppen und ordnet sie hierarchisch an. Sie unterscheidet grob zwischen Defizitmotiven und Wachstumsmotiven (siehe Abb. 5).

Abbildung 4: Die Pyramide der Motive (Maslow, 1954)

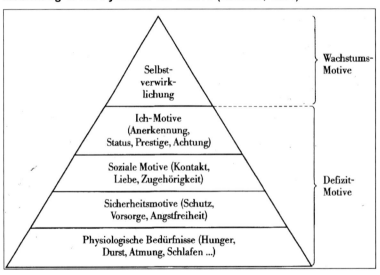

Quelle: Comelli, G./ v. Rosenstiel, L.: Führung durch Motivation, S.13

Diese Motive bestehen in jedem Menschen von Geburt an.[111] Eine nicht ausreichende Erfüllung der Defizitmotive, wie z.B. Hunger oder Durst, führt zu Krankheit; deren Erfüllung zu Gesundheit bzw. Genesung.[112] Die Aktivierung der jeweils höher angesiedelten Motive ist nur möglich, wenn das niedrigere Motiv befriedigt ist.[113] Die hierarchische Anordnung der Motive wird häufig kritisiert. Zum Beispiel in der Annahme, dass soziale Motive (Kontakt, Liebe

---

[111] Vgl. Maslow, A.: Psychologie des Seins – Ein Entwurf, 1. Auflage, Frankfurt, 1985, S. 21
[112] Vgl. v. Rosenstiel, L.: Grundlagen der Organisationspsychologie, S 403

oder Zugehörigkeit) erst aktiviert werden, wenn die physiologischen Bedürfnisse (Hunger, Durst, Atmung oder Schlafen) befriedigt sind.[114] Sind die Defizitmotive befriedigt, strebt der Mensch nach Selbstverwirklichung, die als Wachstumsmotiv bezeichnet wird. Selbstverwirklichung ist als ein, im Laufe des Lebens, nicht endender Prozess zu sehen.[115] Eine genaue Definition möchte Maslow nicht geben; er beschreibt den Begriff mit einer Vielzahl von Merkmalen (z.B. als fortschreitende Verwirklichung der Möglichkeiten, Fähigkeiten und Talente).[116]

Die Bedürfnistheorie stimmt in Bezug auf die Ansicht, dass der Mensch von Natur aus seine Selbstverwirklichung anstrebt, mit der Fish!-Philosophie überein. Dies bezieht sich auf alle Lebensbereiche eines Menschen, also auch auf den Lebensbereich „Arbeit". Die Motive sind angeboren; sie bedürfen somit keiner äußeren Anregung. Die grundlegende Annahme, dass das Motiv der Selbstverwirklichung erst in den Vordergrund tritt, sobald Motive wie Sicherheit (z.B. materielle Sicherheit) oder soziale Motive (z.B. Anerkennung) befriedigt sind, ist allerdings nicht in den Ansätzen der Fish!-Philosophie wieder zu finden. Somit ist keine unmittelbare Übertragbarkeit der Theorien gegeben.

Das **Valenz-Instrumentalitäts-Erwartungsmodell von Vroom** geht von rational kalkulierenden Menschen aus, die eine subjektive Nutzenmaximierung anstreben.[117] Sie richten ihr Handeln an der Valenz (Nutzen bzw. Folgen des Handlungsergebnisses), der Instrumentalität (die Wahrscheinlichkeit, dass der Weg zum Ziel führt) und der Erfolgserwartung (die Wahrscheinlichkeit, dass das Ziel erreicht werden kann) aus.[118] Stehen einem Menschen verschiedene Handlungsalternativen zur Verfügung, wählt er diejenige aus, dessen Zielerreichung subjektiv am wahrscheinlichsten ist und gleichzeitig den für ihn höchsten Nutzen beinhaltet.[119]

---

[113] Vgl. v. Rosenstiel, L.: Grundlagen der Organisationspsychologie, S 404
[114] Vgl. Comelli, G./ v. Rosenstiel, L.: Führung durch Motivation, S.13
[115] Vgl. Maslow, A.: Psychologie des Seins – Ein Entwurf, S. 41
[116] Vgl. ebenda
[117] Vgl. v. Rosenstiel, L.: Grundlagen der Organisationspsychologie, S 411
[118] Wunderer, R.: Führung und Zusammenarbeit – Eine unternehmerische Führungslehre, S.127 f.
[119] Vgl. v. Rosenstiel, L.: Grundlagen der Organisationspsychologie, S 412

Das **Modell von Porter und Lawler** greift die Annahmen von Vroom auf. Die Anstrengung in einer bestimmten Situation hängt ab von dem Wert der Belohnung und der Wahrscheinlichkeit, die Belohnung durch Anstrengung zu erhalten.[120] Die durch die Anstrengung erzeugte Leistung wird ebenso von den Fähigkeiten und Persönlichkeitszügen sowie der Rollenwahrnehmung beeinflusst.[121] Leistungen können intrinsisch oder extrinsisch motiviert sein. Durch die intrinsische Belohnung erfolgt eine direkte Zufriedenheit.[122] Bei Leistungen, die extrinsisch motiviert sind, kann eine Zufriedenheit nur durch eine als gerecht wahrgenommene Belohnung erreicht werden.

Beide Modelle vertreten die Haltung, dass ein Mensch vor jeder Handlung jeweils Aufwand und Nutzen abwägt. Hieraus lassen sich für die Arbeitsmotivation folgende Schlüsse ziehen:

- Der Mitarbeiter ist durch eine entsprechende Gestaltung der „Belohnung" zu beeinflussen.
- Belohnungen müssen für den Mitarbeiter erreichbar und hoch bewertet sein.[123]
- Der Zusammenhang zwischen Leistung und Belohnung muss für den Mitarbeiter objektiv gegeben und subjektiv wahrnehmbar sein.[124]
- Das Selbstvertrauen zur Erreichbarkeit von Zielen muss bei den Mitarbeitern gestärkt werden.[125]

Diese Annahmen widersprechen dem Ansatz der Fish!-Philosophie. Die Motivation liegt nicht im Verhältnis zwischen Aufwand und Nutzen sondern in der Leistungserbringung selbst. Der Erfolg bzw. die „Belohnung" stellt sich, der Fish!-Philosophie folgend, von selbst ein und ist nicht Ziel des Handelns. Hier sei auf die in Abschnitt 2.1. behandelte, Unterscheidung zwischen „Tun" und „Sein" verwiesen. Das jeweilige Verhalten sollte im Sinne der Fish!-Philosophie einer grundlegenden Haltung („Sein") entspringen. Wenn Mitarbeiter nur den

---

[120] Vgl. v. Rosenstiel, L.: Grundlagen der Organisationspsychologie, S 414 f.
[121] Vgl. v. Rosenstiel, L.: Grundlagen der Organisationspsychologie, S 415
[122] Vgl. v. Rosenstiel, L.: Grundlagen der Organisationspsychologie, S 415
[123] Vgl. v. Rosenstiel, L.: Grundlagen der Organisationspsychologie, S 416
[124] Vgl. v. Rosenstiel, L.: Grundlagen der Organisationspsychologie, S 416 f.
[125] Vgl. Wunderer, R.: Führung und Zusammenarbeit – Eine unternehmerische Führungslehre, S.130

persönlichen Nutzen abwägen würden, entspräche dies einem kalkulierten Verhalten, also dem „Tun".

3.3 Analyse der Bedeutung von Menschenbildern anhand der Theorie X und Theorie Y von McGregor

3.3.1 Die Theorie X und Theorie Y von McGregor

McGregors „Theorie X und Theorie Y" ist eine implizite Persönlichkeitstheorie ohne empirische Grundlagen.[126] Implizite Persönlichkeitstheorien sind Menschenbilder, also unbewusste Auffassungen anderer Menschen. Weiterentwicklungen dieser Theorie konnten zum Beispiel von v. Rosenstiel empirisch nachgewiesen und differenzierter dargestellt werden.[127] An dieser Stelle soll jedoch die ursprüngliche Theorie von McGregor behandelt werden, da die Grundgedanken für diese Arbeit entscheidend sind.

McGregor geht von zwei gegensätzlichen Menschenbildern aus; dem Menschenbild nach der Theorie X und dem Menschenbild nach der Theorie Y. Das jeweilige Menschenbild spiegelt sich im Verhalten den Menschen gegenüber wider.[128]

Führungskräfte, die ein Menschenbild entsprechend der Theorie X haben, sehen den Mitarbeiter als faul, verantwortungsscheu und ohne Ehrgeiz.[129] Menschen scheuen demnach die Arbeit; sie brauchen für ihr Handeln klare Anweisungen sowie einen attraktiven Anreiz. Diese negative Sicht des Menschen entspricht einer Definition von Taylor (1856-1915):

„Der Mensch ist wie ein Teil einer Maschine; er ist faul, egoistisch und träge; er muss permanent kontrolliert und extrem von außen (extrinsisch) motiviert werden; darüber hinaus gilt sein primäres Interesse materiellen Gütern."[130]

Eine intrinsische Motivation würde nach dieser Definition nicht existieren. Dementsprechend behandeln diese Führungskräfte ihre Mitarbeiter. Um dieser passiven Haltung entgegenzuwirken, müssen die Führungskräfte den

---

[126] Vgl. v. Rosenstiel, L.: Grundlagen der Organisationspsychologie, S 12
[127] Vgl. v. Rosenstiel, L.: Grundlagen der Organisationspsychologie, S 13
[128] Vgl. Comelli, G./ v. Rosenstiel, L.: Führung durch Motivation, S.108
[129] Vgl. v. Rosenstiel, L.: Grundlagen der Organisationspsychologie, S 143
[130] Comelli, G./ v. Rosenstiel, L.: Führung durch Motivation, S.109

Mitarbeitern Belohnungen oder Bestrafung in Aussicht stellen; sie müssen sie anleiten und kontrollieren.[131]

Führungskräfte, die ein Menschenbild der Theorie Y haben, halten den Mitarbeiter für verantwortungsbereit und engagiert.[132] Menschen streben nach Selbstverwirklichung, im Privatleben sowie bei der Arbeit.[133] Sie suchen nach Verantwortung und haben ein hohes Potential an Eigeninitiative und Kreativität.[134] Die Führungskräfte vertrauen ihren Mitarbeitern und geben ihnen den Freiraum, um dieses Potential zu entfalten.[135]

McGregor spricht dem jeweiligen Menschenbild der Führungskraft eine bedeutende Rolle zu. „Sie haben die Tendenz, sich zu bestätigen."[136] Denn das Menschenbild der Führungskraft überträgt sich auf die Mitarbeiter und bestimmt so langfristig das Verhalten der Mitarbeiter.[137] Das Menschenbild wird zu einer sich selbst erfüllenden Prophezeiung (engl. self-fulfilling prophecy). Abbildung 5 verdeutlicht diesen Prozess.

Abbildung 5: Der Prozess der „self-fulfilling prophecy"

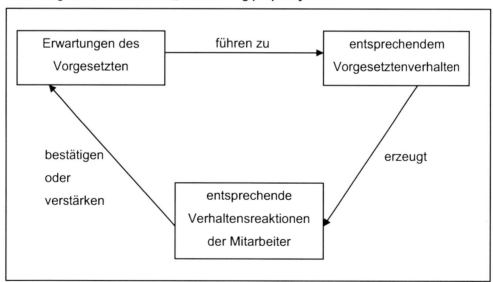

Quelle: Comelli, G./ v. Rosenstiel, L.: Führung durch Motivation, S.108

---

[131] Vgl. v. Rosenstiel, L.: Grundlagen der Organisationspsychologie, S 144
[132] Vgl. v. Rosenstiel, L.: Grundlagen der Organisationspsychologie, S 12
[133] Vgl. v. Rosenstiel, L.: Grundlagen der Organisationspsychologie, S 144
[134] Vgl. ebenda
[135] Vgl. ebenda
[136] Comelli, G./ v. Rosenstiel, L.: Führung durch Motivation, S.108

Das Menschenbild beeinflusst die Erwartungen des Vorgesetzten an seine Mitarbeiter. Diese Erwartungen führen zu einem entsprechenden Verhalten des Vorgesetzten.[138]

Geht man von einem negativen Menschenbild nach der Theorie X aus, würde der Vorgesetzte seinen Mitarbeiter beispielsweise ständig nach Bearbeitungsständen fragen, da er ihm nicht zutraut, seine Aufgaben zeitgerecht und gewissenhaft zu erledigen. Dies wiederum erzeugt eine entsprechende Verhaltensreaktion des Mitarbeiters. Der Mitarbeiter fühlt sich kontrolliert und verliert die Freude an der Arbeit, wodurch sich die Abgabe zeitlich verschiebt. Die Erwartungen des Vorgesetzten werden somit bestätigt und verstärkt. Dieser Ablauf entspricht einer sich selbst erfüllenden Prophezeiung.

Mitarbeiter, die nach dem Menschenbild der Theorie X behandelt werden, werden langfristig diese negativen Einstellungen übernehmen. Im schlimmsten Fall verlassen sie das Unternehmen. Hinzu kommt, dass es meist die guten Mitarbeiter sind, die sich entscheiden zu gehen.[139] Sie finden aufgrund ihrer Qualifikation schneller eine Alternative. So bleiben der Führungskraft letztendlich die Mitarbeiter, die seinem Menschenbild entsprechen.[140] Hier passt das Sprichwort: „Auf Dauer hat jeder Chef die Mitarbeiter, die er verdient."[141]

Dieser Prozess kann ebenso im positiven Sinne, nach der Theorie Y ablaufen. Führungskräfte, die implizit die Theorie Y vertreten, fördern die Selbstverantwortlichkeit und Kreativität ihrer Mitarbeiter. McGregor stellt mit dieser Theorie die Wichtigkeit eines positiven Menschenbildes heraus.

Die Theorie Y entspricht einem Menschenbild der humanistischen Psychologie, dessen Vertreter (u.a. auch Maslow) jedem Menschen den Wunsch zur

---

[137] v. Rosenstiel, L.: Grundlagen der Organisationspsychologie, S 12
[138] Comelli, G./ v. Rosenstiel, L.: Führung durch Motivation, S.108
[139] Vgl. Comelli, G./ v. Rosenstiel, L.: Führung durch Motivation, S.110
[140] Vgl. ebenda
[141] Vgl. Sprenger, R. K.: Mythos Motivation – Wege aus einer Sackgasse, S. 226

Selbstverwirklichung zuschreibt.[142] Negative Einstellungen nehme der Mensch erst im Zuge von negativen Prägungs- und Lernprozessen an.[143]

3.3.2 Vergleich der „Theorie X und Theorie Y" von McGregor mit der Fish!- Philosophie

In McGregors Theorie finden sich viele Ansätze der Fish!-Philosophie wieder. Auch bei der Fish!-Philosophie wird dem Menschenbild, welches die Führungskraft von seinen Mitarbeitern hat, eine bedeutende Funktion zugewiesen. Nur die Führungskraft kann durch eine Änderung seiner Einstellung zu der Arbeit und zu seinen Mitarbeitern eine Änderung im Arbeitsumfeld bewirken.

In der Geschichte des Fischmarkts wurde der Einstellungs-Wandel des Inhabers, John Yokohama, beschrieben (siehe 2.1). Zu Beginn seiner Karriere pflegte er einen autoritär geprägten Führungsstil. Er allein hatte die Macht zu entscheiden und lies dies die Mitarbeiter durch Arbeitsdruck und Kontrolle spüren. Er glaubte durch diese Führungsweise würde er den Fischmarkt erfolgreich machen. Erzeugt wurden jedoch nur Widerwillen und eine hohe Mitarbeiterfluktuation. Dieses Verhalten weist auf ein Menschenbild nach der Theorie X hin. Implizit hielt John Yokohama seine Mitarbeiter für unselbstständig, unfähig und nicht vertrauenswürdig. Die Mitarbeiter bekamen diese Einstellung zu spüren und verhielten sich dementsprechend. Hier zeigte sich die sich selbst erfüllende Prophezeiung im negativen Sinne.

Erst als John Yokohama seine Einstellung änderte, war der Weg für Veränderungen frei. Nun vertraut er auf die Eigenständigkeit und Kreativität seiner Mitarbeiter und lässt ihnen Freiräume in ihrer Arbeit. Zudem musste er lernen, Vorschläge seiner Mitarbeiter nicht von Grund auf abzulehnen, was ihm anfangs schwer fiel. Die Erfahrungen zeigten jedoch, dass seine Mitarbeiter durchaus kreative Ideen hervorbrachten, die sich zudem als wirtschaftlicher Erfolgsfaktor herausstellten. Diese und andere Reaktionen seiner Mitarbeiter

---

[142] Vgl. Comelli, G./ v. Rosenstiel, L.: Führung durch Motivation, S.110

bestärkten sein positives Menschenbild, wodurch er sein Vertrauen in sie zunehmend steigern konnte.

Dieser, von John Yokohama beschriebene Prozess, entspricht einer sich selbst erfüllenden Prophezeiung in eine positive Richtung. Sein verändertes Menschenbild stimmt mit der Theorie Y überein, welches innerhalb der Fish!-Philosophie als entscheidendes Erfolgskriterium angesehen wird.

McGregors Theorie eignet sich somit als mögliche theoretische Grundlage für die Fish!-Philosophie. Theorie X entspricht sowohl innerhalb von McGregors Ansatz als auch innerhalb der Fish!-Philosophie einem Negativbeispiel. Theorie X zeigt auf, welche Folgen ein derartiges Menschenbild im Bezug auf die Motivation der Mitarbeiter hat. Theorie Y lässt sich ohne Einschränkungen auf den Appell der Fish!-Philosophie an die Führungskräfte übertragen. Dieser besagt, dass eine Änderung der Einstellung bei den Mitarbeitern stark davon beeinflusst wird, inwieweit die Führungskraft ihnen diese Fähigkeit auch zutraut.

---

[143] Vgl. Comelli, G./ v. Rosenstiel, L.: Führung durch Motivation, S.110

3.4 Zusammenfassung der Ergebnisse

Bei der Analyse der theoretischen Grundlagen wurden einige der meist verbreiteten Theorien analysiert. Das Kriterium für deren Verwendung innerhalb dieser Arbeit lag in der Übereinstimmung der Grundgedanken mit der Fish!-Philosophie.

Bei der Auswertung stellte sich heraus, dass lediglich das Zwei-Faktoren Modell von Herzberg und die Theorie X und Theorie Y von McGregor, hinreichend theoretische Grundlagen für die Fish!-Philosophie lieferten. Aus diesem Grund erschien es als nicht zielführend, die weiteren Motivationstheorien (3.2.3) in gesonderten Punkten detailliert aufzuführen. Die Theorien von Maslow, Vroom und Porter/Lawler gaben nur in Teilaspekten eine der Fish!-Philosophie ähnliche Erklärung für die Motivation. In Bezug auf die Abwägung von Aufwand und Nutzen als Erklärung von Motivation, widersprechen sich die Ansätze von Vroom und Porter/Lawler mit der Fish!-Philosophie.

Sprenger, der alle „klassischen" Motivationstheorien kritisiert, geht sogar soweit zu behaupten, dass die motivationstheoretischen Ansätze den Menschen als einen „manipulierbaren Reiz-Reflex-Apparat" darstellen.[144] Sprenger vertritt eine der Fish!-Philosophie ähnliche Auffassung eines selbstverantwortlich handelnden Menschen, der nicht motiviert werden muss. Er unterscheidet zwischen dem Begriff Motivation (als Eigensteuerung des Individuums) und Motivierung (der Fremdsteuerung, im Sinne von Manipulation).[145] Die Verantwortung für Motivation und Leistungsbereitschaft kann jeder nur für sich selbst übernehmen, indem er seine Wahlfreiheit erkennt und sich aus der Opferrolle befreit.[146] Diese Ansicht korrespondiert mit der der Fish!-Philosophie. Die Kritik an den Motivationsmodellen konnte jedoch anhand der Erkenntnisse aus der Analyse der Motivationstheorie von Herzberg und der Theorie von McGregor relativiert werden, da Teile der analysierten Theorien der Sichtweise eines selbstverantwortlich handelnden Mitarbeiters entsprachen.

---

[144] Vgl. Sprenger, R. K.: Mythos Motivation – Wege aus einer Sackgasse, S. 48
[145] Vgl. Sprenger, R. K.: Mythos Motivation – Wege aus einer Sackgasse, S. 24
[146] Vgl. Sprenger, R. K.: Mythos Motivation – Wege aus einer Sackgasse, S. 269

Herzberg liefert im Ansatz brauchbare theoretische Fundierungen für die Fish!-Philosophie, insbesondere durch die Darstellung der Bedeutung intrinsischer Motivation. Die Motivation kann demnach ausschließlich durch intrinsische Beweggründe entstehen; hauptsächlich durch die Arbeit selbst, Leistungserfolge und Anerkennung. Die Übereinstimmung mit der Fish!-Philosophie findet sich in der Ansicht, dass die Selbstverwirklichung in der Arbeit motivationswirksam ist.

Anhand der Theorie X und Theorie Y von McGregor konnten Parallelen in Bezug auf das Menschenbild der Theorie Y festgestellt werden. Das Menschenbild, welches in der Fish!-Philosophie implizit unterstellt wird, geht ebenfalls von einem eigenständigen und kreativen Menschen aus, der einen Sinn in seiner Arbeit erkennen möchte. Die Annahme, dass sich das Menschenbild des Vorgesetzten langfristig auf die Mitarbeiter überträgt, konnte (im Bezug auf die Sichtweise nach der Theorie Y) auf die Rolle der Führungskraft innerhalb der Fish!-Philosophie angewendet werden. Theorie X lässt sich nur schwer auf die Fish!-Philosophie übertragen, beziehungsweise widerspricht dem Ansatz. Jedoch findet sich die Theorie X in den Schilderungen zu der Fish!-Philosophie sowie in McGregors Ansatz als Negativbeispiel wieder.

Nach Maslows Bedürfnistheorie ist ebenfalls die Bedeutung des Arbeitsinhalts entscheidend. Der Mensch strebt nach Selbstverwirklichung in der Arbeit. Es handelt sich hier also auch um einen Ansatz, der die intrinsische Motivation in den Vordergrund stellt. Diese Ansicht entspricht der Fish!-Philosophie. Zu den Defizitmotiven der Bedürfnistheorie, besteht innerhalb der Fish!-Philosophie jedoch kein Bezug. Die Theorien von Vroom, Porter/Lawler widersprechen dem Ansatz der Fish!-Philosophie, da der Nutzen bei Fish in der Leistungserbringung selbst liegt.

Der Fish! Ansatz berücksichtigt zusätzlich den Einfluss der Gruppendynamik und die Bedeutung von Kommunikation zur Erhaltung der gemeinsamen Vision. Diese Einflussfaktoren der Motivation wurden in allen analysierten Modellen nicht berücksichtigt.

Zusammenfassend lassen sich somit hinreichend Übereinstimmungen zu den theoretischen Grundlagen von Herzberg und McGregor feststellen. Die zusätzlich untersuchten Motivationstheorie von Maslow liefert ansatzweise Parallelen; das den Theorien von Vroom und Porter/Lawler zugrunde liegende Menschenbild widerspricht jedoch dem Menschenbild der Fish!-Philosophie.

4 Praxistauglichkeit der Fish!-Philosophie

4.1 Wertewandel und sinkende Arbeitsmoral

Fehlende Motivation wird häufig mit einer generell sinkenden Arbeitsmoral begründet. Dies entspricht einer sehr oberflächlichen Betrachtung. Um die Gründe der Motivation oder der Demotivation von Mitarbeitern zu verstehen, muss man erkennen welche Werte einer Gesellschaft zugrunde liegen. Werte sind als sehr grobe Orientierungen zu verstehen. Sie stehen noch über den eingangs erläuterten Motiven (siehe 3.1). Motive richten sich nach den jeweiligen Werten und sind als gegenstandsbezogene Konkretisierungen dieser zu verstehen.[147]

Der Wertewandel ist nichts Neues. Werte verschieben sich langfristig immer wieder und unterliegen somit einem ständigen Wandel. Abbildung 6 stellt den Wertewandel in der Kindererziehung von 1951 bis 1998 dar. Demnach stellte sich schon vor ca. 50 Jahren ein Wandel von „Gehorsam und Unterordnung" zugunsten „Selbständigkeit und freiem Willen" ein, der im Zeitverlauf immer deutlicher wurde.[148] In den letzten Jahren lässt sich ein leicht gegenläufiger Trend verzeichnen, doch der Wert „Selbständigkeit" hat weiterhin erheblich mehr Bedeutung als der Wert „Gehorsam".[149]

Es sei anzumerken, dass sich dieser Wandel nicht auf die gesamte Bevölkerung bezieht.[150] Die Orientierung zu mehr Selbstständigkeit bezieht sich vor allem auf Personen, die jung und gebildet sind, sowie einem städtischen Wohnumfeld entstammen.[151] Bezogen auf die Arbeitswelt betrifft der Wertewandel vor allem qualifizierte Mitarbeiter sowie potenzielle Führungskräfte.

---

[147] Vgl. v. Rosenstiel, L.: Grundlagen der Organisationspsychologie, S 57 f.
[148] Vgl. Comelli, G./ v. Rosenstiel, L.: Führung durch Motivation, S.306
[149] Vgl. Comelli, G./ v. Rosenstiel, L.: Führung durch Motivation, S.307
[150] Vgl. Comelli, G./ v. Rosenstiel, L.: Führung durch Motivation, S.308

Abbildung 6: Wertewandel in den Erziehungsprinzipien von 1951 bis 1998

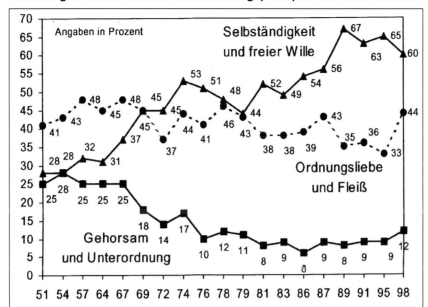

Quelle: v. Rosenstiel, L.: Grundlagen der Organisationspsychologie, S 58

Die Ansprüche an den Lebensbereich Arbeit haben sich aufgrund des Wertewandels erhöht und qualitativ verändert.[152] An die Stelle von Pflichterfüllung und Absicherung des Lebensstandards, treten nun Anforderungen an den Sinn der Arbeit, Selbstverwirklichung, Erweiterung des Horizonts und Kontakt mit anderen Menschen.[153] Entscheidende Qualitätsmerkmale eines Jobs sind, subjektiv empfunden, folglich:

- Sinn der Arbeit,[154]
- Sinnhaftigkeit für das eigene Leben[155] und
- Möglichkeiten der Selbstentfaltung.[156]

Diese Wertorientierung wird von der Arbeitswelt in weiten Bereichen nicht ausreichend berücksichtigt, sodass sich diese Werte in die Freizeit auslagern.[157] Im Bezug auf die Wertorientierung werden Arbeit und Freizeit

---

[152] Vgl. v. Rosenstiel, L.: Grundlagen der Organisationspsychologie, S 58
[153] Vgl. ebenda
[154] Vgl. Sprenger, R. K.: Mythos Motivation – Wege aus einer Sackgasse, S. 29
[155] Vgl. ebenda
[156] Vgl. ebenda
[157] Vgl. Sprenger, R. K.: Mythos Motivation – Wege aus einer Sackgasse, S. 31

nicht mehr getrennt gesehen.[158] An beide Lebensbereiche wird derselbe Anspruch gestellt. Es soll Spaß machen, man möchte aktiv sein und Selbstentfaltung erreichen.[159]

Die Haltung „leben, um zu arbeiten", die den deutschen Arbeitnehmern zugeschrieben wurde, hat folglich stark nachgelassen.[160] Die Leistungsbereitschaft hingegen ist unverändert. „Das Bedürfnis, im Unternehmen etwas zu leisten, was Sinn und Spaß macht, ist größer denn je."[161] Es fehlt jedoch die Möglichkeit zur Verwirklichung der geänderten Werte in den Unternehmen.[162] Hier verhindern oft starre Strukturen eine Anpassung an die geänderten Werte.[163] Immer kleinteiligere Arbeitsgebiete, die ein Erkennen des eigentlichen großen Ziels erschweren, tragen nicht zur Verwirklichung der Werte bei.[164] Im Extremfall ist die innere Kündigung des Mitarbeiters die Folge.

---

[158] Vgl. Sprenger, R. K.: Mythos Motivation – Wege aus einer Sackgasse, S. 28
[159] Sprenger, R. K.: Mythos Motivation – Wege aus einer Sackgasse, S. 30
[160] Vgl. v. Rosenstiel, L.: Grundlagen der Organisationspsychologie, S 58
[161] Sprenger, R. K.: Mythos Motivation – Wege aus einer Sackgasse, S. 30
[162] Vgl. Sprenger, R. K.: Mythos Motivation – Wege aus einer Sackgasse, S. 29
[163] Vgl. v. Rosenstiel, L.: Grundlagen der Organisationspsychologie, S 408
[164] Vgl. v. Rosenstiel, L.: Grundlagen der Organisationspsychologie, S 59

4.2 Gallup Engagement Index 2008 – Ein aktuelles Bild der Mitarbeiter-Motivation in Deutschland

Der Gallup Engagement Index 2008 ist eine Studie, die ein aktuelles Bild zum Thema Engagement und Motivation deutscher Arbeitnehmer zeigt. Insgesamt fühlen sich fast 90 Prozent der Beschäftigten kaum an ihr Unternehmen gebunden.[165] Sie üben entweder einen Dienst nach Vorschrift aus (67 %) oder haben bereits innerlich gekündigt (20 %); nur 13 % der Befragten Arbeitnehmer arbeiten hoch engagiert (siehe Abbildung 7).[166] Entscheidend für die Kategorisierung in diese drei Gruppen ist die emotionale Bindung, dessen Ausprägung anhand bestimmter Aussagen (Gallup $Q^{12®}$)[167] klassifiziert wird.[168] Demnach werden die vorgenannten drei Kategorien entsprechend der Bindungsintensität eingeteilt.

- Arbeitnehmer mit **hoher emotionaler Bindung** sind produktiv und setzen sich freiwillig für die Ziele des Arbeitgebers ein.[169]

- Arbeitnehmer mit **geringer emotionaler Bindung** sind produktiv, aber dem Unternehmen nur eingeschränkt emotional verpflichtet („Dienst nach Vorschrift").[170]

- Arbeitnehmer **ohne emotionale Bindung** sind unproduktiv und arbeiten gegen die Interessen des Arbeitgebers („Innerliche Kündigung").[171]

Der Bindungsgrad wird in diesem Fall analog zum Grad der Motivation gesehen. Abbildung 7 zeigt, dass der Anteil der Mitarbeiter mit geringer oder hoher sozialer Bindung zum Arbeitsplatz im Zeitverlauf von acht Jahren zugunsten des Anteils der Mitarbeiter ohne emotionale Bindung gesunken ist. Seit 2006 ist die Verteilung jedoch fast unverändert. Selbst die Bedrohungen der Wirtschaftskrise, die bereits zum Zeitpunkt der Befragung in 2008 wahrgenommen wurden, zeigten keine Wirkung auf die Mitarbeiterbindung.[172]

---

[165] Vgl. Gallup, Pressemitteilung vom 14.01.2009, unveröffentlichtes Material, zur Verfügung gestellt von Gallup
[166] Vgl. Gallup, Pressemitteilung vom 14.01.2009
[167] zwölf Aussagen zum Arbeitsplatz bzw. -umfeld
[168] Vgl. Gallup, Pressemitteilung vom 14.01.2009
[169] Vgl. Gallup, Präsentation zum Pressegespräch am 14.01.2009, unveröffentlichtes Material, zur Verfügung gestellt von Gallup
[170] Vgl. Gallup, Präsentation zum Pressegespräch am 14.01.2009
[171] Vgl. ebenda
[172] Vgl. Gallup, Pressemitteilung vom 14.01.2009

Die Konjunktur hat somit keinen Einfluss auf die Entwicklung der Mitarbeitermotivation.

Abbildung 7: Der Engagement Index in Deutschland im Zeitverlauf

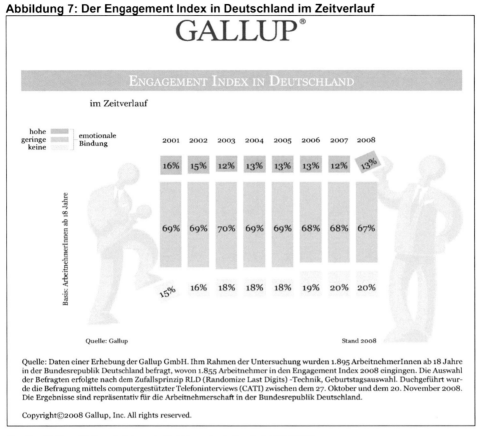

Quelle: Gallup, Präsentation zum Pressegespräch am 14.01.2009

Die Folgen für die Unternehmen sind gravierend. Mitarbeiter, die keine Bindung zum Unternehmen haben, fehlen ca. 4 Tage mehr pro Jahr als Mitarbeiter mit einer hohen emotionalen Bindung.[173] Die Kosten, die einem Unternehmen mit 2000 Mitarbeitern aufgrund von Fehlzeiten jährlich entstehen, belaufen sich auf ca. 957.000 Euro.[174] Ebenso gibt es einen Zusammenhang zwischen Bindungsgrad und Kreativität der Mitarbeiter. Engagierte Mitarbeiter reichen im Vergleich zu unengagierten Mitarbeitern jährlich fast dreimal so viele Ideen ein.[175] Auch die Fluktuationsneigung von wenig gebundenen Mitarbeitern ist deutlich höher. Fast die Hälfte (44 Prozent), der Mitarbeiter ohne Bindung an

---

[173] Vgl. Gallup, Präsentation zum Pressegespräch am 14.01.2009
[174] Vgl. ebenda
[175] Vgl. ebenda

das Unternehmen können sich nicht vorstellen, in einem Jahr noch im selbigen Unternehmen tätig zu sein.[176] Hier entstehen den Unternehmen erhebliche Kosten aufgrund der Mitarbeiterwechsel, z.B. durch Personalrecruiting.[177]

Innerhalb der Studie konnte auch ein Bezug zur Kundenorientierung festgestellt werden.[178] Emotional gebundene Mitarbeiter legen eher Wert auf die Erfüllung von Kundenwünschen, wissen an wen sie sich bei Verbesserungsvorschlägen wenden können und sehen, dass ihre Anregungen zu konkreten Verbesserungsmaßnahmen führen.[179] Hieraus lassen sich teilweise schon Schlüsse für die Ursachen einer fehlenden Bindung an ein Unternehmen ziehen. Gallup sieht die Ursachen zu größten Teilen im Führungsverhalten.[180] Bemängelt werden fehlende Anerkennung für gute Arbeit, fehlendes menschliches Interesse und fehlende Rückmeldungen zu der Einschätzung persönlicher Fortschritte.[181]

Insgesamt gesehen, wird dem Mitarbeiter zu wenig Beachtung geschenkt. Wie in Bezug auf die Entwicklung der Werte bereits beschrieben, wird der Selbstverwirklichungswunsch des Mitarbeiters zu wenig berücksichtigt, so dass dieser Prozess in die Freizeit verlagert wird. Der Wille zu arbeiten ist trotz schwindender Bindung ungebrochen. Dieses lässt sich auch am Stellenwert der Arbeit ablesen (Abb. 8). Der Anteil derer, die im Falle eines plötzlichen Geldreichtums weiter arbeiten würden, liegt relativ konstant bei 70 Prozent. Mit zunehmendem Alter steigt jedoch der Anteil derer, die die Arbeit aufgeben würden.

---

[176] Vgl. ebenda
[177] Vgl. ebenda
[178] Vgl. ebenda
[179] Vgl. ebenda
[180] Vgl. Gallup, Pressemitteilung vom 14.01.2009
[181] Vgl. Gallup, Präsentation zum Pressegespräch am 14.01.2009

Abbildung 8: Entwicklung des Stellenwertes von Arbeit

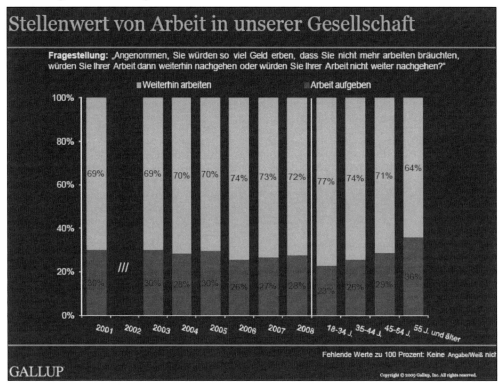

Quelle: Gallup, Präsentation zum Pressegespräch am 14.01.2009

Die Ergebnisse des Engagement Index 2008 verdeutlichen, dass der Grad der Mitarbeiterbindung bzw. die entsprechende Motivation der Mitarbeiter entscheidende Auswirkungen auf den Erfolg eines Unternehmens haben. Um eine höhere emotionale Bindung der Mitarbeiter zu erreichen, sind Veränderungen im Führungsverhalten notwendig.[182] Durch eine offene Kommunikation, eine Beteiligung der Mitarbeiter an Veränderungen und eine Begeisterung für die Ziele des Unternehmens werden die Selbstverwirklichungsmöglichkeiten angesprochen und die geänderten Werte finden Berücksichtigung.

---

[182] Vgl. Gallup, Präsentation zum Pressegespräch am 14.01.2009

4.3 Chancen und Grenzen der Fish!-Philosophie

Die Fish!-Philosophie ist in erster Linie ein Motivationsansatz. Gelingt es, die Mitarbeiter von dieser Idee zu überzeugen, bietet dieser Ansatz die Chance, die Motivation im Sinne einer nachhaltigen Personalentwicklung zu steigern. Der einzelne Mitarbeiter gewinnt Spaß an der Arbeit, die er verrichtet, er lernt seine Stärken einzusetzen und seine Kreativität wird gefördert. Diese Entwicklung ist in entscheidendem Maße abhängig von der Fähigkeit, seine Einstellung positiv zu beeinflussen und seine persönlichen Ziele auf die gemeinsame Vision zu übertragen. Dies wird in gleichem Maße von der Führungskraft erwartet. Zudem trägt diese die Verantwortung, diese Entwicklung durch ihre Haltung bzw. ihr Menschenbild den Mitarbeitern gegenüber zu fördern. Ein finanzieller Aufwand für extrinsische Anreize (wie Incentives oder Prämien) ist nachrangig. Die Führungskraft hat lediglich eine unterstützende Funktion im Bezug auf die persönliche Zielfindung der einzelnen Mitarbeiter.

Auf dieser Basis bringt der Ansatz der Fish!-Philosophie weitere Vorteile mit sich. Ein gemeinsames Ziel schafft Teamdenken und stärkt das Zusammengehörigkeitsgefühl. Wenn die Vision mit den persönlichen Zielen übereinstimmt, sieht der Mitarbeiter gleichzeitig einen Sinn in seiner Arbeit. Der Ansatz beinhaltet somit die impliziten Anforderungen des Mitarbeiters in Bezug auf seine Werte. Diese Identifikation mit den Unternehmenszielen bewirkt, dass sich jeder Mitarbeiter für den Unternehmenserfolg verantwortlich fühlt. Führungsstil, Identifikation und das Zusammengehörigkeitsgefühl fördern eine hohe Loyalität und binden den Mitarbeiter an das Unternehmen.

Die Anwendung der Fish!-Philosophie verspricht zudem wirtschaftliche Vorteile. Der Ansatz ist kundenorientiert und wirkt verkaufsfördernd. Die Handlungsmaximen „Präsent-Sein" und „anderen eine Freude bereiten" sprechen den Kunden auf der emotionalen und persönlichen Ebene an und bewirken somit eine hohe Kundenzufriedenheit und Kundenbindung. Gleichzeitig ist es eine Form des Marketings. Die positiv empfundenen Erlebnisse der Kunden werden weiter getragen und neue Kunden werden geworben. Für den Mitarbeiter schafft die Anwendung der Leitgedanken unmittelbar Erfolgserlebnisse, die den Mitarbeiter in seinem zukünftigen Verhalten bestärken. Die verkaufsfördernde Wirkung der Fish!-Philosophie wurde erkannt, was zur Folge hatte, dass sich z.B. der Unternehmensberater Alexander Kien mit dem Buchtitel „Verkauf den Fish!" gezielt an Mitarbeiter im Verkaufsbereich wendet. Die Umsetzung der Fish!-Philosophie ist nicht nur in Vertriebsbereichen möglich, auch interne Kunden werden durch diese Art der Betreuung angesprochen.

Insgesamt bietet die Fish!-Philosophie Chancen, um das Arbeitsumfeld positiv zu beeinflussen. Doch für eine erfolgreiche Umsetzung müssen mehrere Voraussetzungen gegeben sein.

- Die Bereitschaft, seine Einstellung zu überprüfen und ggf. zu ändern. Dies gilt für die Mitarbeiter sowie für die Führungskraft.
- Ein Unternehmensumfeld, das für kreative Ideen und Veränderungen offen ist.
- Ein positives Menschenbild der Führungskraft im Sinne der Theorie Y.
- Eine Vision, die so formuliert ist, dass sich alle Mitarbeiter damit identifizieren können.

Diese notwendigen Voraussetzungen sind gleichzeitig die größte Herausforderung bei der Umsetzung der Fish!-Philosophie. Seine Einstellung zu verändern, insbesondere die Opferrolle abzulegen, ist eine große Herausforderung, da es viel Zeit, Mut und Selbstdisziplin erfordert. Man muss hierzu seine eigenen Motive erkennen und versuchen, sie mit der gemeinsamen Vision zu vereinbaren. Das mag in Bezug auf die expliziten Motive (bewusste persönliche Ziele) funktionieren, doch die einflussreichsten (impliziten) Motive existieren unbewusst.[183] Regelmäßige und häufige Gespräche, in denen die eigenen Ansichten reflektiert werden, können hier eine Hilfe sein. Auch die Umsetzung der Leitgedanken „Spiele", „Präsent-Sein" und „anderen eine Freude bereiten" ist ein hoher Anspruch an sich selbst, der viel Selbstdisziplin erfordert. Schnell ist es geschehen, dass man wieder den alten

---

[183] Vgl. Comelli, G./ v. Rosenstiel, L.: Führung durch Motivation, S.19 f.

Gewohnheiten verfällt, vor allem an stressigen Arbeitstagen. Hier ist man auf Feedback von Kollegen und dem Vorgesetzten angewiesen. Da die Änderung der Einstellung eine persönliche Entscheidung ist, ist es ebenso denkbar, dass sich jemand bewusst dagegen entscheidet.

Die Motivation mithilfe der Fish!-Philosophie stößt außerdem an ihre Grenzen, wenn sie durch äußere Umstände nicht zugelassen wird. Der Vorgesetzte muss sich an dem Prozess beteiligen. Außerdem muss er die Möglichkeit haben, das Umfeld so zu gestalten, dass Veränderungen möglich sind. Das Einräumen von Zeit, die Möglichkeit zur Umgestaltung von Arbeitsabläufen und das Austesten von möglicherweise außergewöhnlichen Ideen müssen gegeben sein. Vor allem in größeren Unternehmen gestaltet sich dies schwierig, da zur Gewährung dieses Freiraums eine Akzeptanz höherer Hierarchieebenen erforderlich ist. Vor allem die Umsetzung des Leitgedankens „Spiele", wird auf den ersten Blick für die wenigsten mit einer ernsthaften Verrichtung der Arbeit zu vereinbaren sein und somit eher skeptisch angesehen.

Ein weiteres Hindernis liegt im Menschenbild der Führungskraft. Würde dies einem Menschenbild nach der Theorie X entsprechen, wäre eine Umsetzung der Fish!-Philosophie nicht möglich. Die Auswirkungen eines negativen Menschenbildes wurden anhand der Theorien X und Y bereits beschrieben (siehe 3.2.3). Die Selbstverantwortlichkeit des Mitarbeiters würde hiermit blockiert. Doch Menschenbilder sind, wie implizite Motive, unbewusst vorhanden. Das Menschenbild wird im Laufe eines Lebens durch Erfahrungen geprägt und ist somit nur schwer veränderbar. Es ist jedoch schwer vorstellbar, dass eine Führungskraft, die ihre Mitarbeiter als unselbständig, verantwortungsscheu und auf materielle Anreize fixiert sieht, eine derartige Motivationsmethode als geeignet empfinden würde.

Visionen bzw. Leitbilder existieren in den meisten Unternehmen. Die Schwierigkeit liegt darin, diese so zu formulieren, dass sich alle Mitarbeiter davon angesprochen fühlen oder besser noch, begeistert werden. Je größer der Mitarbeiterkreis ist, desto allgemeiner werden diese Visionen formuliert. Somit wird ihr Charakter zu abstrakt und die Möglichkeit, die Vision auf die eigene

Tätigkeit zu beziehen, zunehmend begrenzt. Hier ist es die Aufgabe der Führungskraft und der Mitarbeiter, die Vision auf den jeweiligen Bereich herunter zu brechen und ggf. die Formulierung zu konkretisieren. In diesem Fall bildet allerdings die unternehmensweite Vision einen Rahmen.

Veränderungen beinhalten immer auch das Risiko des Scheiterns.[184] Im schlimmsten Fall verläuft sich die Einführung der Fish!-Philosophie nach einer kurzen Phase der Motivation „im Sande". Enttäuschte Erwartungen führen in diesem Fall zu Demotivation.[185] Eine weitere Herausforderung ist daher, die Vision dauerhaft zu erhalten. Durch regelmäßige Gespräche, das Handeln im Sinne der Vision und eine konstruktive Feedback-Kultur kann dieser Entwicklung entgegengewirkt werden (siehe 2.3). Doch dies erfordert Engagement von allen Beteiligten, welches wiederum von der treffenden Formulierung der Vision abhängig gemacht werden kann.

Insgesamt ist mit der Umsetzung der Fish!-Philosophie aufgrund der komplexen Herausforderungen ein hoher Aufwand verbunden. Mitarbeiter und Führungskraft müssen sich gleichermaßen für den Ansatz begeistern können. Je kleiner der Mitarbeiterkreis, desto überschaubarer werden die Herausforderungen. Folglich ist die Umsetzung eher für kleine und mittelständische Betriebe geeignet. Für größere Unternehmen würde es sich empfehlen auf Abteilungsebene zu beginnen.

4.4 Möglicher Implementierungsprozess der Fish!-Philosophie in der Praxis – Praktische Erfahrungen eines Schulungsleiters

Um eine präzisere Vorstellung von einer möglichen Vorgehensweise zur Einführung der Fish!-Philosophie zu bekommen, wird an dieser Stelle ein Interview mit Guido Leffler, Geschäftsführer der proTalk GmbH, sinngemäß wiedergegeben.[186] Guido Leffler bietet seit nunmehr 10 Jahren Motivationstrainings an, bei denen er sich der Leitgedanken der Fish!-Philosophie bedient. In seiner sechsjährigen Tätigkeit als Schulungsleiter bei T-

---

[184] Vgl. Albs, N.: Wie man Mitarbeiter motiviert, S. 20
[185] Vgl. Comelli, G./ v. Rosenstiel, L.: Führung durch Motivation, S.13

Mobile und seiner, zu diesem Zeitpunkt, vierjährigen Tätigkeit als Schulungsleiter bei proTalk, erzielte er mit dem Motivationsansatz „Fish!" sowohl bei T-Mobile als auch bei weiteren namenhaften Unternehmen wie z.B. RWE nachweisbare Erfolge. Die Seminare werden für Mitarbeiter aller Branchen und jeder Position angeboten.

Seine zweitägigen Seminare entsprechen einer Mischung aus Übungen und Diskussionen. Die freiwillige Teilnahme, eine offene und positive Einstellung und eine aktive Mitarbeit, sieht Guido Leffler als Voraussetzungen für einen erfolgreichen Seminarverlauf. Im Vorfeld eines Seminars erfolgt eine Bedarfsabfrage bei den Teilnehmern, da sich der didaktische Aufbau je nach Zielgruppe ändern kann. Hier sind die Vorkenntnisse zu der Fish!-Philosophie, die Erwartungen der Teilnehmer an das Seminar und die Zusammensetzung der Gruppen entscheidend.

Homogene Gruppen, die sich aus Teilnehmern eines Teams oder einer Abteilung zusammensetzen, können praxisbezogener arbeiten als gemischte Gruppen. Homogene Gruppen haben die Möglichkeit konkrete Maßnahmen für ihren Arbeitsbereich zu erarbeiten; die Teilnehmer aus gemischten Gruppen müssen mit Beispielen arbeiten und können hauptsächlich persönliche Anstöße mitnehmen. Der Vorteil bei einer gemischten Zusammensetzung der Teilnehmer ist der offenere Austausch in den Diskussionen. Der Teilnehmerkreis einer homogenen Gruppe besteht aus über- und untergeordneten Mitarbeitern, die oftmals Hemmungen haben konkrete Probleme in der Gruppe anzusprechen. Zudem soll die eigene Position vor den Kollegen gewahrt werden.

Zu Beginn des Seminars wird den Teilnehmern näher gebracht, was Motivation bedeutet. Hier erfolgt eine Abgrenzung zwischen intrinsischer und extrinsischer Motivation, wobei die zunehmende Orientierung an intrinsischen Beweggründen, wie sie sich auch in der Fish!-Philosophie finden, herausgestellt wird. Die Teilnehmer lernen, dass sie nicht von anderen motiviert werden

---

[186] Interview mit Guido Leffler, Geschäftsführer der proTalk GmbH, Telefonat, 26.08.2009

müssen und lernen, sich selbst zu motivieren. Das Fish! Motivationstraining hebt sich somit von extrinsischen Ansätzen ab.

Einen emotionalen Einstieg in die Fish!-Philosophie bietet die Vorführung des 17-minütigen Trainingsvideos von John Christensen. Der Film zeigt die Fischhändler bei der Arbeit und lässt den Zuschauern einen Eindruck von der Arbeitsweise gewinnen, der ansteckend wirkt.

Die vier Leitgedanken werden durch Übungen und Spiele konkretisiert. Ein Spiel zum Leitgedanken „Wähle deine Einstellung" läuft wie folgt ab: Die Teilnehmer finden sich in kleinen Gruppen zusammen. Jede Gruppe erhält ein Brett mit einem mittig eingeschlagenen Nagel. Weitere 18 Nägel soll die Gruppe nun auf dem einen Nagelkopf positionieren. Die meisten Teilnehmer halten die Aufgabe für unlösbar und verhindern einen Lösungsansatz durch ihre Einstellung. Die Teilnehmer, die sich der Aufgabe gegenüber öffnen, finden den Lösungsweg. Der Lerneffekt dieser Aufgabe ist, zu erkennen, welchen Einfluss die eigene Einstellung in jeder Situation hat.

Anhand jedes Leitgedankens werden Beispiele oder konkrete Maßnahmen zur Umsetzung entwickelt, z. B. erarbeiten die Teilnehmer, wie man „Spiele" produktiv in den Arbeitsalltag integrieren kann. Vor allem die Leitgedanken „Spiele" und „bereite anderen eine Freude" werden häufig kritisch gesehen. In dem Fall werden sie allerdings nicht richtig verstanden. Es geht nicht darum Gesellschaftsspiele am Arbeitsplatz zu spielen oder Kunden etwas zu schenken. Anderen eine Freude bereiten, fängt schon bei der Art der Begrüßung am Telefon an. Zudem beschäftigen sich die Teilnehmer mit Zielen. Erst durch konkrete Zielsetzung kann Motivation entstehen. Am Ende des Seminars hat jeder Teilnehmer eine greifbare Vorstellung, wie er die Leitgedanken im Beruf einsetzen kann. Dabei kann das Fish! Seminar als Menü gesehen werden: „Jeder nimmt sich raus was ihm schmeckt."

Anhand seiner jahrelangen Erfahrung aus Schulungen mit verschiedensten Teilnehmern beurteilt Guido Leffler die Fish!-Philosophie als erfolgreiche Motivationsmethode, die in allen Branchen umsetzbar ist.

Praktische Erfahrungen in einer langfristigen Begleitung von Gruppen konnte er in seiner Tätigkeit bei T-Mobile sammeln. Der ehemalige Vorstandsvorsitzende der Telekom, Ron Sommer, besuchte seinerzeit den Pike Place Fishmarket in Seattle und wurde von dem Ansatz derartig überzeugt, dass er Schulungen nach der Fish!-Philosophie für insgesamt 600 Geschäftsstellen (T-Punkte) beschloss. Guido Leffler war als Schulungsleiter für die Umsetzung in den einzelnen Geschäftsstellen verantwortlich und konnte deren Entwicklung über einen längeren Zeitraum begleiten. Die Mitarbeiter der T-Punkte erhielten wöchentlich Vorgaben zur Zielerreichung bezogen auf den Vertrieb der Produkte. In den Schulungen wurden Möglichkeiten erarbeitet, wie sie mit den von außen gesetzten Zielen umgehen konnten. In den einzelnen Geschäftsstellen wurden die kreativen Ideen der Mitarbeiter umgesetzt. Eine Idee wurde aufgrund ihres Erfolges gleich in mehreren Geschäftstellen übernommen. Es wurden Wäscheleinen aufgehängt, an denen einzelne Karten mit Zielvorgaben hingen (z.B. Handyvertrag). Gelang einem Verkäufer ein Vertragsabschluss, wurde eine Glocke geläutet, die Verkäufer jubelten und die Karte wurde abgenommen und vorgezeigt. So wurde jeder Verkauf eines guten Produktes gefeiert. Mitarbeitern und Kunden bereitete diese Art des Verkaufs Spaß. Die Zielvorgaben, die vor den Schulungen unerreichbar schienen, wurden nun spielerisch erfüllt.

Guido Leffler hat auch nach den Schulungen mit den Gruppen weitergearbeitet. Hier sieht er ein entscheidendes Kriterium für die nachhaltige Wirkung des Ansatzes. Es muss jemand bestimmt werden, der für die Umsetzung der Maßnahmen verantwortlich ist und ggf. an deren Erfüllung erinnert. Diese Aufgabe kann von der Führungskraft aber ebenso von einem Mitarbeiter übernommen werden. Im Laufe der Durchführung des Projekts machte sich ein weiteres Problem bemerkbar. Einige Gebietsleiter stellten sich der Umsetzung in den Weg, da sie nicht in den Prozess eingebunden worden waren. Die äußeren Voraussetzungen waren also nicht geschaffen. Die Gebietsleiter unterstützten das Projekt jedoch, als sie zu den Schulungen eingeladen wurden. Für eine nachhaltige Wirkung der Fish!-Philosophie muss es folglich einen Verantwortlichen geben, der die äußeren Rahmenbedingungen schafft und jemanden der die Mitarbeiter in ihren Alltagsverpflichtungen an die Leitgedanken und deren Umsetzung erinnert.

Eine automatische Ausweitung der Fish!-Philosophie auf andere Unternehmensbereiche, hält Guido Leffler jedoch für utopisch. Hier verhält es sich ähnlich wie bei der Einführung von Unternehmensleitsätzen, die nur von einem bestimmten Personenkreis entwickelt und anschließend in einer Großveranstaltung präsentiert werden. Es entsteht zwangsläufig Widerstand unter den Mitarbeitern. Wichtig ist, dass sich jeder Mitarbeiter mit dem Ansatz beschäftigt hat, dessen Wirkungen miterlebt und die abgeleiteten Maßnahmen miterarbeitet hat. Widerstände werden trotzdem entstehen, doch der Mitarbeiter hat die Möglichkeit sich die Aspekte auszusuchen, die er persönlich verwenden kann. Auch die Seminarteilnehmer aus gemischten Gruppen können die neu gewonnenen Erkenntnisse nur begrenzt an die Kollegen der eigenen Abteilung weitervermitteln. Sie erarbeiten sich allerdings Möglichkeiten, wie sie konkreten Problemen in ihrem Bereich begegnen können.

Somit ist festzuhalten, dass bei professioneller Vorgehensweise und entsprechender Unterstützung durch die Unternehmensführung, die Fish!-Philosophie durchaus in weiten Bereichen praxistauglich ist.. Es empfiehlt sich aber zu Beginn des Implementierungsprozesses externe Hilfe durch erfahrene Trainer, bzw. Seminarleiter in Anspruch zu nehmen.

5   Fazit

Der Pike Place Fischmarkt erlebte durch die grundlegende Haltung der Fischhändler und die gemeinsame Vision eine wahre Erfolgsgeschichte, die den Fischmarkt zu einem Arbeitsplatz mit Vorbildfunktion machte. Die hieraus abgeleiteten Leitsätze bilden eine Anleitung zur Übertragung der positiven Einstellung auf den eigenen Arbeitsplatz. Die gewählte Einstellung bildet die Grundlage, die durch die weiteren Leitsätze („Spiele", „bereite anderen eine Freude" und „sei Präsent") unterstützt wird. Das entscheidende ist, die eigene Wahlfreiheit zu erkennen. Der Ansatz der Fish!-Philosophie scheint auf den ersten Blick simpel und etwas naiv zu sein. Er enthält jedoch einige motivationswissenschaftlich bestätigte Aussagen, die durch die vereinfachte Darstellung in Form von Leitsätzen greifbar werden.

Die Motivationsmodelle sowie die Theorie der Menschenbilder liefern verschiedenste Ansatzpunkte zum Ursprung von Motivation, sei es die Unterscheidung von extrinsisch und intrinsisch, das jeweilige Menschenbild oder eine Nutzenerwartungshaltung.

Herzbergs Zwei-Faktoren Modell stellt, wie auch die Fish!-Philosophie, die Bedeutung intrinsischer Anreize (Motivatoren) zur Entstehung von Motivation in den Vordergrund. Maslow unterstützt diese Aussage, indem er jedem Menschen den Drang nach Selbstverwirklichung zuspricht. Vroom und Porter/Lawler gründen die Motivation auf ein Abwägen zwischen Aufwand und Nutzen. Somit stellen sie ein eher negatives Menschenbild dar, welches von einem kalkulierenden Menschen ausgeht, der Belohnungen oder Bestrafungen zur Erweckung seiner Motivation benötigt. Diese Menschenbild widerspricht den Ansichten der Fish!-Philosophie. Die Bedeutung des Menschenbilds wird in der Theorie X und der Theorie Y von McGregor deutlich. Der Mensch verhält sich langfristig so, wie er von anderen gesehen wird. Erkennt der Vorgesetzte die Selbstverantwortlichkeit und das Streben nach Selbstverwirklichung bei seinen Mitarbeitern, wird er dies in seinem Verhalten widerspiegeln und die Mitarbeiter werden sich langfristig auch so verhalten.

Generell lässt sich jedoch ein Trend erkennen, der sich gegen die Anwendung extrinsischer Anreizmodelle ausspricht. Zudem ließ sich aus der Analyse der Theorien feststellen, dass die Ansätze der Fish!-Philosophie, in Bezug auf die Selbstverwirklichung bei der Arbeit und das Menschenbild, durchaus einem gültigen Kenntnisstand entsprechen.

Das Selbstverwirklichungsmotiv, welches in allen mit der Fish!-Philosophie übereinstimmenden Ansätzen herausgestellt wird, findet sich auch in der aktuellen Wertorientierung. Diese Wertorientierung wird in der Arbeitswelt allerdings nicht überall ausreichend berücksichtigt. Die Ergebnisse des Engagement Index von Gallup verdeutlichen diese Entwicklung. Unzureichende Führungsqualitäten und eine fehlende Berücksichtigung des Wertewandels sind Gründe für den Motivationsmangel. In Folge entstehen den Unternehmen hierdurch hohe Kosten und Imageverluste durch fehlende Kundenorientierung. Es besteht also ein Handlungsbedarf, sich mit den Zielen, Motiven und Werten der Mitarbeiter zu beschäftigen.

Mit der Fish!-Philosophie wird das Selbstverwirklichungsmotiv angesprochen. Der Ansatz bietet die Chance, die Arbeitseinstellung positiv zu beeinflussen, indem die Ziele des Unternehmens geteilt werden. Eine Umsetzung bringt persönliche sowie wirtschaftliche Vorteile. Voraussetzung ist, dass der jeweilige Mitarbeiter bereit ist seine Einstellung zu ändern, die Unternehmensziele mit den persönlichen Zielen vereinbar sind und das jeweilige Umfeld eine Veränderung zulässt. Die Erfahrungen des Schulungsleiters Guido Leffler zeigen, dass eine persönliche Auseinandersetzung des jeweiligen Mitarbeiters mit den Grundideen der Philosophie notwendig ist. Darüber hinaus erscheint es sinnvoll, zur Umsetzung der Implementierung im Unternehmen externe Hilfe in Anspruch zu nehmen, die den Veränderungsprozess einleitet, unterstützt und begleitet. Die praktische Anwendbarkeit der Fish-Philosophie zeigt sich in den Erfolgen die z.B. bei T-Mobile erzielt werden konnten. Die Anwendbarkeit in kleinen, homogenen Einheiten ist somit gegeben und wird in vielen Fällen eine Verbesserung der Ergebnisse zur Folge haben.

Die Fish!-Philosophie ist in erster Linie ein Ansatz, der auf die Selbstmotivation des einzelnen Mitarbeiters ausgerichtet ist. In der Umsetzung der Leitgedanken ist jeder Mitarbeiter frei und die Entscheidung kann nicht von anderen erzwungen werden. Der Ansatz bietet also in jedem Fall die Möglichkeit, seine persönliche Einstellung zu überprüfen und ggf. anzupassen. Sein Leben aktiv zu gestalten, präsent zu sein, anderen eine Freude zu bereiten und Dinge gelegentlich spielerisch anzugehen sind persönlich wertvolle Leitsätze, die jeder überdenken sollte und die ausschließlich Vorteile mit sich bringen.

6 Anhang

6.1 Literatur

- Albs, N.: Wie man Mitarbeiter motiviert - Motivation und Motivationsförderung im Führungsalltag, 1. Auflage, Berlin, 2005

- Comelli, G./ v. Rosenstiel, L.: Führung durch Motivation – Mitarbeiter für Unternehmensziele gewinnen, 4. Auflage, München, 2009

- Gallup, Pressemitteilung vom 14.01.2009, unveröffentlichtes Material, zur Verfügung gestellt von Gallup

- Gallup, Präsentation zum Pressegespräch am 14.01.2009, unveröffentlichtes Material, zur Verfügung gestellt von Gallup

- Heckhausen, H.: Motivation und Handeln – Lehrbuch zur Motivationspsychologie, 1. Auflage, Berlin u.a., 1980

- Heckhausen, J./ Heckhausen H.: Motivation und Handeln, 3. Auflage, Heidelberg, 2006

- Leffler, Guido: Geschäftsführer der proTalk GmbH, Interview vom 26.08.2009

- Lundin S.C./ Paul, H. / Christensen, J.: Fish! In Fish! Collection!, Sonderausgabe, München, 2008

- Lundin/ Paul/ Christensen:, Noch mehr Fish! in Fish! Collection Sonderausgabe, München, 2008

- Lundin/ Paul/ Christensen: Für immer Fish! in Fish! Collection, Sonderausgabe, München, 2008

- Maslow, A.: Psychologie des Seins – Ein Entwurf, 1. Auflage, Frankfurt, 1985

- Pike Place Fishmarket, Homepage, http://www.pikeplacefish.com/About-Us-3.html, Recherche vom 08.08.2009

- Rheinberg, F.: Motivation (Band 6 der Reihe „Grundriß der Psychologie"), 2. Auflage, Stuttgart, 1997

- von Rosenstiel, L.: Grundlagen der Organisationspsychologie, 6. Auflage, Stuttgart 2007

- Rudolf, U.: Motivationspsychologie – Workbook, 2. Auflage, Basel, 2007

- Sprenger, R. K.: Mythos Motivation – Wege aus einer Sackgasse, Limitierte Sonderausgabe, Frankfurt/ Main, 2005

- Wunderer, R.: Führung und Zusammenarbeit – Eine unternehmerische Führungslehre, 5. Auflage, München und Neuwied, 2003

- Yokohama, J./ Michelli, J.: Wenn Fische fliegen lernen, 1. Auflage, New York, 2004